碳约束下企业供应链
生产－库存控制策略研究

蓝海燕 著

东北大学出版社

·沈 阳·

© 蓝海燕　2017

图书在版编目（CIP）数据

碳约束下企业供应链生产－库存控制策略研究 ／ 蓝
海燕著. — 沈阳：东北大学出版社，2017.10
　ISBN　978-7-5517-1697-0

　Ⅰ. ①碳…　Ⅱ. ①蓝…　Ⅲ. ①企业管理－供应链管理
－研究－中国　Ⅳ. ①F279.23

中国版本图书馆 CIP 数据核字（2017）第 256617 号

出 版 者：东北大学出版社
　　　　　　地址：沈阳市和平区文化路三号巷 11 号
　　　　　　邮编：110819
　　　　　　电话：024-83683655（总编室）　83687331（营销部）
　　　　　　传真：024-83687332（总编室）　83680180（营销部）
　　　　　　网址：http://www.neupress.com
　　　　　　E-mail: neuph@neupress.com
印 刷 者：沈阳市第二市政建设工程公司印刷厂
发 行 者：东北大学出版社
幅面尺寸：170mm×240mm
印　　张：9.5
字　　数：176 千字
出版时间：2017 年 10 月第 1 版
印刷时间：2017 年 10 月第 1 次印刷
组稿编辑：周文婷
责任编辑：汪彤彤
责任校对：叶　子
封面设计：潘正一
责任出版：唐敏志

ISBN　978-7-5517-1697-0　　　　　　　　　定　价：56.00 元

前言

二氧化碳浓度增加导致全球气候变暖已经成为普遍的共识，为了减少二氧化碳排放（以下简称"碳排放"），各种国际性法规与机制相继推出。其中，限额与交易（cap-and-trade）机制是使用范围最广、减排效果最好的国际性协议，它是欧盟排放交易体系（EU Emissions Trading Scheme，EU-ETS）的基础，在欧盟实践中预计每年减排 2 亿吨二氧化碳。同时，限额与交易机制也是《京都议定书》的核心，通过市场与监管政策结合，体现"共同但有区别"的减排责任。

碳税是另一种国际性减排手段，相比于限额与交易，碳税的控排方式更加简单，它是按照化石燃料的含碳量或碳排放量征收的一种税，通过价格变化以降低环境污染的负外部性。1990 年，芬兰最早开征碳税，其将碳税与能源税合并计算。如今，碳税已在欧洲十几个国家推行，并被世界其他国家学习与借鉴。

中国为实现减排承诺，正在积极推进碳交易市场建设，并开始探讨碳税在中国的实践。如今，低碳理念已经深入人心，并开始在各个领域得以践行，供应链碳减排问题也已经引起国内外一些学者和企业界的高度关注，并取得了一定的研究成果。然而，既存文献中对于库存系统碳减排的研究数量相当有限，对于多级库存减排问题的研究更是少之又少。因此，研究碳约束机制下企业供应链生产 – 库存问题，成为具有挑战性和现实性的课题，并具有较强的理论指导意义与应用参考价值。

本书基于总量干预和价格干预两个视角，选择了具有代表性且最普遍运用的两种碳约束机制——限额与交易机制和碳税机制，对两种约束机制下企业供应链生产 – 库存控制问题进行了深入研究，主要工作包括以下几个方面。

① 对供应链生产 – 库存系统的碳排放因素进行度量与分析。为了研究供应链生产 – 库存系统碳排放的影响，首先描述供应链系统的碳排放过程，明确系统碳排放的核算边界与分类方法，给出各级碳排放数量的计算公式，确定两种碳减排约束机制在供应链中的具体形式，这些研究工作为后文生产 – 库存系统中碳排放度量提供了指导框架。

② 通过单厂商的生产 – 库存系统，对比限额与交易、碳税两种约束机制

的影响。具体而言,将限额与交易机制和碳税机制应用到单厂商单产品的生产-库存系统中,通过生产数量、订货数量及厂商总成本的变化,考察两种约束机制对厂商决策的影响,并对比两种碳约束机制的政策效果。

③ 研究了限额与交易机制下多级供应链生产-库存控制问题。将限额与交易机制应用于多级多产品多成员的生产-库存系统中,系统采用分散与集中两种决策方式,通过生产数量与订货数量的联合优化以满足碳排放监管,利润分配与补偿机制能有效促进供应链成员的协调,得出限额与交易机制下多级生产-库存控制方法与管理见解。

④ 研究了碳税机制下多级供应链生产-库存控制问题。对于碳税采用两种形式:统一碳税与级差碳税,应用于多级供应链生产-库存系统中,考虑成员竞争能力与策略选择,比较两种碳税形式下生产-库存系统决策及碳排放水平变化,以及两种碳税形式的政策影响。

以上提出的两种碳约束机制下供应链生产-库存控制的理论与方法可应用于企业碳减排实践中,有助于提升低碳环境下企业管理决策水平,使碳排放约束下的供应链运营更高效,对于推进经济、社会、环境的可持续发展具有重要意义。

本书写作过程中得到了各方人士的指导与帮助,并且参考了大量国内外研究文献与资料,在此一并表示感谢。由于笔者水平有限,书中可能存在诸多不足之处,敬请广大专家学者批评指正。

蓝海燕

2017 年 6 月 13 日于辽宁工业大学

目录

第1章 绪论

1896 年，阿伦尼乌斯(Arrhenius)就曾经预测大气中二氧化碳浓度升高将使全球气候变暖，这已经确定为不争的事实。越来越多的实践表明，当前气候变化是人类活动的结果。2013 年，中国先后遭遇多年罕见的雾霾天气，持续时间之长，涉及范围之广，受到世界的广泛关注。2013 年 9 月，国务院紧急发布《大气污染防治行动计划》，提出 10 条整改方案，以改善空气质量，还一片蓝天。然而，2014 年，雾霾依旧笼罩全国。在此背景之下，"低碳经济""低碳发展"等一系列概念成为社会各界讨论的重点。

随着"低碳"理念的深入人心，经济发展也从高碳型经济向节能低碳型经济转变，包括低碳能源、低碳产业、低碳交通、低碳物流等诸多方面。作为企业第三利润源的物流，其环环相扣的产业链条极具减排空间，埃森哲研究报告(2009 年)显示，物流业每年产生的碳排放约为 2800 兆吨，约占人类所有活动产生的二氧化碳的 5.5%，占整个产品生命周期排放量的 5%~15%。过去几年，我国物流业的碳排放比率逐年增加，其中约一半来自生产与仓储环节，而在 2012 年的 GDP 中，物流业的贡献比率约为 18.6%，可谓社会经济部门中的贡献大户，但也成为碳排放的重要部门。为实现中国政府承诺的减排目标，我国已经建立多处碳交易试点，并积极探讨碳税政策的推行。因此，研究各种碳约束机制下供应链的生产-库存控制问题具有重要意义。

1.1 研究背景

1.1.1 世界气候变化的迫切要求

1990 年，联合国政府间气候变化专门委员会(IPCC)在对世界气候变化的成因、影响等因素进行了一次全面、科学的评估之后，公布了人类第一份关于气候的国际性权威评估报告，在报告中指出二氧化碳浓度增加会使地球气温升高，从此，气候变化受到国际社会广泛关注。此后，IPCC 又相继发布了 4 份评估报告，为人类行为促成气候变暖这一说法提供了依据。2007 年，IPCC 发布的第四次评估报告中指出:"气候系统变暖,包括地表和自由大气温度,海表以下几百米厚度上的海水温度,以及所产生的海平面上升均已被检测出来,更新的近100年全球地表温度的线性趋势为 $0.74℃$ "。

人类活动是二氧化碳的主要来源,世界环境组织的研究表明,在1750年以前,大气中二氧化碳浓度约为 $280×10^{-6}m^3/m^3$,然而,截至2005年这一指标上升至 $379×10^{-6}m^3/m^3$,且在逐年增加。如果以此速度测算,格陵兰岛冰盖可能在300年后全部融化,更为严重的是,西伯利亚和加拿大的耐高寒植被也有消失的危险,亚马逊热带雨林也可能由于气温升高而不复存在。2010年,《皇家学会哲学学报》为全球气候变化做了一期专刊,指出如果各国对当前的二氧化碳排放不加以控制,21世纪末,全球平均气温将增加 $4℃$,这意味着21世纪末,世界生态系统将会遭到灾难性毁灭。

如此严峻的形势,迫使气候变化上升到政治高度,减缓二氧化碳等温室气体排放成为世界各国共同的责任与挑战。2009年7月,在八国集团峰会上,气候问题成为会议的热点。根据联合国环境署温室气体咨询小组的预测, $2℃$ 是目前生态系统所能承受的上限,八国首脑达成共识,将 $2℃$ 的控制目标写入会议文件。2009年12月,这一控制目标又被写入《哥本哈根协议》,成为全世界各国共同的控制目标。

1.1.2 限额与交易的运用及碳税的推广

1976年,美国环保署最先以配额为基础推行"补偿政策",实行早期的可交易抵消许可权做法,来监管空气质量。1990年,美国又开始实行《清洁空气法案》,建立国家层面的空气污染物排放标准。1992年6月,世界上第一个控制二氧化碳排放的国际公约——《联合国气候变化框架公约》——在里约热内卢签署,涉及全球153个国家与欧盟成员国。此后,关于气候问题的全球谈判在缓慢持续中。1995—1997年,谈判取得阶段性成果,在第三次缔约方大会上,通过了《京都议定书》,按照"共同但有区别"的原则,进行碳减排责任分配,提出更多的灵活措施,这是关于责任分担、减排时间、减排方式等更具体内容的规定,再到后来艰难达成的《哥本哈根协议》,尽管谈判过程举步维艰,但国际社会在减少温室气体排放、在经济与环境之间实现可持续发展上已达成共识。

这些立法与各国碳减排实践相结合,形成了一些具体的碳减排约束机制。参考Song的研究,并结合一些国际上的通用做法,当前最常采用的碳减排约束机制主要有四种,如表1.1所示,其中限额与交易(Cap-and-trade)和碳税是采用最多的两种形式。

表 1.1　　　　　　　　　　碳减排约束机制简表

碳减排约束机制	内　容
限额与交易 （Cap-and-trade）	确定初始排放限额，企业碳排放与初始限额相比，如果数量不足，要通过碳交易市场购入差额部分；如果碳限额有剩余，可在碳交易市场上出售
强制限额 （Mandatory carbon emissions cap）	企业在一定的碳排放分配额度下运营，其全部活动所产生的碳排放总量不能超过分配数量
碳税 （Carbon tax）	按照确定的税率对企业每单位碳排放额度征收排放税
碳补偿/中和 （Carbon offset/neutral）	当企业排放超过分配标准时，超额部分必须在另一个碳减排项目上投资，比如植树造林等，以抵消超额排放数量

其中，限额与交易（Cap-and-trade）机制是以市场为基础结合行政手段控制温室气体排放的有效方法。所谓限额，即总量控制，是由政府设定某一国家、地区或行业最高的碳排放总量，然后对所辖区域内负有减排责任的企业分配"信用"（credits）（也称为"额度"）。在承诺的排放期内，如果这些企业的排放总量低于分配额度，则该企业可将剩余排放额度在碳交易市场上出售以获取利润；相反，若某些企业的实际排放量超出限额，那么企业就要通过碳交易市场购入不足的排放限额。实质是由政府设定排放上限，由企业完成交易，所以限额与交易机制也称为总量控制与交易机制。

相比于强制限额，限额与交易机制为企业完成预定的减排目标提供了更多灵活的选择。在美国，为了使二氧化硫的排放降低到 1980 年排放水平的一半以下，限额与交易制度已经使用了近二十年，美国的酸雨计划运用这一制度成功地减少了目标污染物的排放。限额与交易机制最成功的实践应属欧盟排放交易体系（EU Emissions Trading Scheme，EU-ETS），这是目前范围最大、减排效果最好的国际框架协议，它包括 27 个成员国，对超过 10000 个像石油、钢铁、建材这样大规模的工业排放实体进行碳减排监管，在完成总额分配以后，预计每年减排 2 亿吨二氧化碳，共同为 8% 的碳减排目标而努力。

碳税是另一个有效的减排机制，这源于庇古税的思想，通过征税将企业或个人行为所产生的负外部影响消除。1990 年，芬兰最早开始征收碳税，将碳税与能源税合并，在原有能源税的基础上提高税率，石油与煤炭每吨提高 20 欧元税率，作为二氧化碳税。此后，瑞典、丹麦、荷兰、挪威等国陆续开征碳税。Baranzini 等（2000）曾用实证分析的方法评估了碳税对于这些国家的竞争力、分配和环境的影响,结果表明:碳税直接提高产品价格,但可以增加财政收入,其负面影响可通过碳税设计和财政收入进行补偿,总之认为碳税是具有成本效益且容易推广的有效控排方法。

中国正在积极推进碳交易市场建设,自2008年北京、上海和天津成立了三大环境交易所之后,杭州、武汉、大连、广州、沈阳等城市纷纷跟进。但从实际效果来看,碳排放交易所大多并无实质性业务,只有一些零星的交易,尚未形成规模。2012年9月11日在中国的碳交易市场建设方面具有里程碑式的意义,中国首例碳排放权配额交易在广州碳排放交易所完成。广东塔牌集团、阳春海螺水泥、华润水泥(罗定)、中材亨达水泥(罗定)4家企业为扩大产能项目合计认购了130万吨二氧化碳排放权配额,总价7800万元,这是中国基于碳排放总量控制下的一级市场首例配额交易,由此拉开了中国碳交易市场的新篇章。同时,中国政府正在讨论碳税起征工作,征税标准与征税范围还在研究商榷之中。

1.1.3 低碳供应链管理理念的实践

低碳、减排、绿色等已经成为经济发展的新理念,世界经济格局由此发生重大变化。继农业、工业与信息革命之后,在人类发展历史上,第四次以科技和产业为主导的革命被称为"低碳革命"。低碳技术、新能源技术、生物技术等学科进步能够带动与之相关的产业互联式发展,像燃料、道路交通、电力、建筑等行业必然受益。物流业作为交通运输的重要组成部分,其排放比例呈稳步上升趋势,预计2030年排放量可能达到1990年的4.1倍。然而,全球交通运输业的二氧化碳排放量占总排放的30%以上,要实现低碳经济和环境可持续发展,必然要求发展低碳供应链。

如何管理低碳供应链,陈剑(2012)给出过一些见解,传统供应链引入低碳思想之后,与产品生命周期相关的采购、生产、运输、仓储各个环节都会受到影响。Plambeck(2012)也对创造零排放的供应链管理概念进行了阐述,并以沃尔玛和ZETA Communities为例,改变管理理念,以低碳作为首要管理目标,结果表明通过有效的运作与管理,供应链可以实现减排目标。

当前,一些知名企业也纷纷行动,可口可乐公司就提出低碳发展战略,其中供应链绿色运营是公司战略的一个重要组成部分。从上游供应商开始,企业自身的低碳管理、下游分销商与零售商,甚至最终的消费者都构成可口可乐公司低碳供应链的运作范围。施乐公司也提出资产回收再利用计划,通过对废弃复印机回收再生产,公司的成本与碳排放水平明显降低。海尔集团同样运用低碳供应链管理思想,联合三菱、松下8大供应商,建立了全球首条"无氟变频空调低碳产业链"。这些研究与实践说明低碳供应链管理理念已被社会与公众接受,并将逐渐得到推广与普及。

1.1.4 研究碳约束下供应链生产-库存问题的必要性

随着碳减排的深入,传统供应链运营受到挑战,许多企业开始在其原有供应链运作中考虑碳排放因素对决策的影响,通过各种运作方法减少碳排放总量。沃尔玛的碳标签管理试图创造零排放的供应链,结果供应链整体碳排放数量大幅降低。实际上,碳排放因素会对供应链决策结果产生一定的影响,特别是对于多级供应链系统的影响更为复杂。因此,研究碳排放约束下供应链运作的理论与方法,能够得到更多的低碳管理启示。

关于碳排放与供应链运作问题的研究已经引起了学者的关注。从目前的研究成果来看,对于碳排放问题的研究有两个主要特点:第一,在供应链运作问题中,碳排放主要以约束形式表现最多,而使用具体约束机制的研究明显偏少。在早期的文献研究中,"碳排放"一词几乎包含了所有碳因素,碳排放数量可以作为目标函数的约束,或者成为目标函数的组成参数,这种表现形式影响广泛,直到最近几年才有明显的改善。随着各种减排约束机制的明确立法与应用,新近的研究文献中碳排放则多是通过具体约束机制明确量化碳排放数量,形成了研究的新趋势。第二,在供应链碳优化环节上,以路径优化减排最多,而生产与库存减排的研究数量相当有限。根据前述的研究背景可知,运输活动产生的碳排放数量约占全部物流活动碳排放总量的一半以上,所以研究行驶路径优化减排的效果更加明显,因此,存在大量研究车辆路径碳减排的文献。然而,在一个闭环供应链里,除去运输活动以外,每一个过程的运作活动都不容忽视,比如每个节点企业的库存运作、生产运作、回收运作等,这些过程的碳减排活动总和构成了完整的低碳供应链。因此,研究碳约束机制下的供应链生产-库存运作问题是十分必要的,这不仅可以丰富生产-库存理论,也可以为企业生产-库存减排提供理论依据。

1.2 科学问题的提出

由于碳减排约束机制的多样性,以及供应链生产-库存控制问题的复杂性,因此需要对现实中考虑碳排放因素的供应链生产-库存控制问题进行提炼,给出问题的研究框架,进一步提出具体的研究理论。本书提出如下科学问题。

（1）提炼限额与交易机制、碳税机制下供应链生产–库存控制问题

在低碳背景之下，许多学者开始关注供应链碳减排问题。然而，相关研究的着眼点和供应链结构等因素的差异，导致研究内容比较分散。因此，本书将限额与交易机制、碳税机制应用到供应链生产与库存系统中，通过生产–库存运作策略的调整及上下游成员之间的协调降低供应链的碳排放总量。这样，既能为本书工作确定清晰的研究主题，又能推动碳减排机制下企业供应链生产–库存控制理论与方法的研究。

（2）给出供应链生产–库存系统碳排放问题研究框架

当供应链中引入碳排放因素时，首先面临的一个重要问题就是供应链中碳排放如何度量。准确度量生产–库存系统的碳排放因素、确定系统核算边界是低碳供应链研究的基础。各种碳减排约束机制如何进行数学描述，才能更有效地反映现实问题呢？已有文献中碳排放因素大多作为模型的一项参数或约束概括，很少涉及碳减排机制及其分析研究，因此碳排放因素的度量与刻画是本书首要的研究问题。

（3）提出针对两种碳约束下供应链生产–库存系统控制问题的研究理论与方法

现存文献中对于低碳供应链的研究主要集中在运输路径选择与供应链网络设计两大方面，而直接研究库存系统碳减排的文献极少。学者们通过考察设施选址、网络布局、运输方式选择等决策直接或间接地衡量供应链的碳排放，这几部分的碳排放数量确实占据了供应链碳排放的大半。然而，生产与库存也是供应链必不可少的组成环节，实现供应链低碳化，每个过程都应当包含其中。当采用限额与交易机制、碳税机制度量供应链系统的碳排放时，其如何影响每个企业的生产–库存系统运作？多个成员之间如何通过协调机制实现碳约束下的共赢？碳税是否能够发挥税收的调节作用？不同税率形式下供应链运营及碳减排效果又将如何？供应链多个成员的生产–库存水平会因此发生怎样的变化？这些问题需要作进一步的研究。

上述亟待突破的科学问题有必要通过系统的理论与方法进行深入研究，得出科学的管理结论，为限额与交易机制、碳税机制下供应链生产–库存控制问题提供新的见解。

1.3 研究目标与研究意义

1.3.1 研究目标

本书的研究目标主要有以下几个方面。

① 研究多种碳减排约束机制下单个企业生产 – 库存控制策略变化。关于生产 – 库存问题的研究理论较多,学术体系相对完善,而低碳供应链是近几年新兴的研究课题。当供应链引入碳减排约束机制以后,其决策结果将会受到怎样的影响,与无碳约束的传统供应链管理相比,供应链生产 – 库存控制策略将发生怎样的变化,这是本书基本的研究目标。

② 探寻碳减排约束机制下多级多成员供应链的生产 – 库存协调运作问题。多级供应链问题一直以来都是学术研究的重点与难点,其中关于供应链协调的研究内容比较多见。那么,当供应链网络中考察碳排放因素时,碳减排约束机制是否会改变供应链协调形式,成员运营策略会发生怎样的变化,这也是本书的研究目标之一。

③ 发现不同碳减排约束机制的政策监管效果。在常用的四种碳减排约束机制中,由于强制限额机制约束过于严格,执行时缺乏灵活性,因此多见于理论研究对比,而应用不足。碳补偿机制一般与碳足迹核算相结合,偏重实证分析角度,也很少用于供应链建模分析中。限额与交易机制、碳税机制在低碳供应链管理中应用比较广泛。然而,这两项约束机制对供应链减排的实际监管效果如何,政策结构变化时,监管是否存在失效问题等,这些均需要研究以后才能得出结论。

④ 为企业制定科学合理的减排政策提供参考。理论分析的最终目的都是为指导实践,中国的低碳发展模式不能是简单的复制与模仿,要找出一条既符合中国基本国情,又能与时代要求相一致的发展道路。因此,通过分析碳减排约束机制下供应链生产 – 库存策略变化,可以检验现行碳约束机制的政策效果,为政策制定提供理论参考。

1.3.2 研究意义

本书将碳减排约束机制应用到供应链生产 – 库存系统中,其研究意义可以从理论意义与应用意义两个方面进行阐述。

(1)理论意义

① 本书的研究内容可以拓展低碳供应链理论。本书结合"碳减排约束机

制"与"生产－库存问题",这两者的结合尚处于起步阶段,尤其是碳减排约束下的多级生产－库存问题,研究数量更是少见,本书的研究是对于传统生产－库存问题的发展,也是碳减排理论与供应链管理交叉理论的新突破。

② 本书的研究内容可以丰富供应链碳减排分析方法。本书运用多种研究方法分析了限额与交易机制、碳税机制下单厂商运作问题、复杂供应链运作问题,提出了不同碳减排机制的建模方法,探讨了碳排放因素对供应链运营的影响,这些内容是对现有低碳供应链研究方法的扩展,可以丰富低碳理论在供应链系统的运用。

③ 本书将碳减排约束机制运用到供应链生产－库存环节,通过分析得出的管理见解可以应用到其他领域,研究方法可以扩展到其他环境问题中,也可以为相关学术研究提供理论参考。

(2)应用意义

①本书的研究将对低碳环境下企业供应链生产－库存运营决策提供理论依据。企业可根据研究成果制定碳约束机制下相应的生产与库存运作策略,有助于提升低碳环境下企业管理决策水平,增加供应链协调运营效果。

②本书的研究内容可以度量限额与交易机制、碳税机制对企业以及供应链运营和碳减排的影响,为政府部门制定相关碳排放政策提供有益参考。通过调整不同的参数,模拟可能的政策情景,其政策效果明显。因此,政府可以根据各种碳减排机制下单个厂商及供应链运营状况,衡量政策效果,对制定科学碳减排政策有积极作用。

③本书的研究内容能够使碳排放下的供应链运营更高效,通过策略选择降低供应链的碳排放数量可以提高企业的社会责任,对于推进经济、社会、环境的可持续发展具有重要意义。

1.4 研究内容、研究思路与研究方法

1.4.1 研究内容

本书主要围绕碳约束机制下企业供应链生产－库存控制问题展开研究,研究内容主要包括以下四个方面。

① 供应链生产－库存系统碳排放因素度量与分析。包括碳排放过程刻画、碳排放系统边界确定与分类、碳排放数量计算,以及两种碳约束机制在供应链中的表现形式,提出两种碳税税率形式,为后续研究打下基础。

② 限额与交易机制及碳税机制下单厂商生产－库存控制策略。将限额与交易机制、碳税机制应用到单厂商生产－库存系统中，其中碳税采用统一税率形式，通过建立碳约束下厂商成本模型与数学分析，对比两种碳减排约束机制对厂商生产－库存运作策略的影响，并考察两种约束机制的政策有效性，得出对比结论。

③ 限额与交易机制下多级供应链生产－库存控制方法。将单厂商下的研究内容扩展至多级多成员的系统中，研究限额与交易机制下复杂供应链系统中的各成员生产数量及订货策略之间的优化与协调。对比供应链分散与集中决策效果，研究碳约束下供应链成员间利润分配与协调机制，深入分析碳限额与碳交易的政策影响。

④ 碳税机制下多级供应链生产－库存控制策略。将统一碳税应用到多级系统中，并扩展出级差碳税，以多级多成员组成的供应链系统为背景，由于成员竞争能力不同，而形成四种运营策略：完全非合作的独立策略、两种领导者－追随者博弈决策以及合作博弈策略。用级差碳税衡量供应链四种博弈策略的运营及碳排放问题，并与统一碳税进行比较，得出级差碳税的政策影响，以及两种碳税形式下各成员策略选择，深入探讨多级供应链中不同碳税形式的有效性。

1.4.2 研究思路

本书主要研究限额与交易机制、碳税机制下供应链生产－库存控制问题，由简入繁地沿着如下路线展开研究，如图 1.1 所示。

① 从现实问题出发，首先分析国际与国内研究背景，将宏观的研究方向引入供应链生产－库存微观系统中，提出科学问题。

② 确定本书的研究目标与研究意义，作为后文研究内容围绕的主线。

③ 将科学问题具体化，明确所要研究的四大问题、研究思路及采用的研究方法。

④ 对国内外相关研究文献进行综述，从低碳供应链开始，从四个方面进行梳理分析，得到本书的文献支撑与研究启示。

⑤ 回顾研究内容所涉及的理论基础，包括低碳供应链管理、碳约束机制作用机理等，与文献分析结论一起形成本书研究坚实的基础。

⑥ 对供应链生产－库存系统碳排放因素进行数学分析与度量，这是本书的主要研究工作之一，也是后文的研究基础。

⑦ 将两种约束机制运用于单厂商的生产－库存系统中，对比限额与交易机

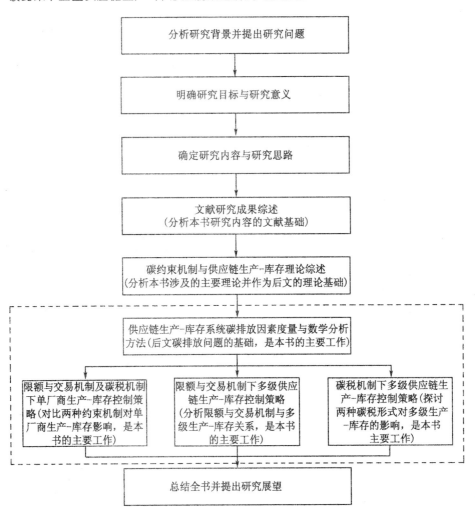

图 1.1　本书的研究思路

制、碳税机制对厂商决策的影响,得出两种减排约束机制的政策效果。

　　⑧ 将限额与交易机制运用到多级生产-库存系统中,研究多层级、多产品、多厂商的供应链在碳约束机制下如何运营。

　　⑨ 将碳税应用到多级生产-库存系统中,采用统一碳税与级差碳税两种税率形式,研究多级系统的运营变化及成员策略选择。

　　⑩ 总结全书,并提出未来研究展望。

1.4.3　研究方法

　　本书的研究内容涉及管理科学、经济学、环境科学、数学等多个学科,研究方法多样,主要包括以下几个方面。

（1）文献研究法

本书的研究内容是查阅、整理国内外大量文献，阅读有关文献后，对众多文献进行分类筛选、对比分析后确定本书的研究主旨。既存文献给出了碳约束下供应链生产 – 库存管理的一般方法，发现文献研究中的不足之处，确定本书的研究内容。

（2）数学建模法

通过对供应链碳排放因素进行数学分析，建立运输、库存持有以及生产三个方面的碳排放模型，并与生产 – 库存问题相结合，分别构建单厂商、多级供应链在限额与交易机制、碳税机制下的生产 – 库存模型，形成碳约束机制下生产 – 库存问题的研究基础。

（3）逻辑演绎与推理法

逻辑演绎与推理法是本书一个重要的研究方法，在构建基础模型以后，对于重要的分析因素提出研究命题，经过数学推理，逻辑演绎证明命题，能够得出模型的数理特性，并进一步得出相关管理结论。

（4）计算实验与敏感性分析

这是本书所采用的另一个主要方法，运用数学分析法讨论模型数理特性之后，根据研究内容搜集相关案例资料，用计算实验对各种减排约束机制下所建立的模型进行验证，对关键参数作敏感性分析，以进一步评估模型的合理性。

1.5　章节安排

全书由 8 章构成，其中第 1 章至第 3 章是本书的理论基础部分，第 4 章至第 7 章是本书研究的理论与方法的创新部分，第 8 章是对全书的总结与进一步研究工作的展望。本书的逻辑结构如图 1.2 所示，具体内容阐述如下。

第 1 章，从选题背景出发，提出本书的研究主题，并对研究目标进行说明，阐述本书研究的理论与现实意义，概括出全书的主要研究内容，对所使用的研究方法进行详述，给出全部研究结构的清晰框架描述。

第 2 章，是对相关学术文献进行综述，从文献检索情况开始说明，对所查阅的文献进行分类介绍，评析已有研究的贡献与不足，找出本书研究的突破点，是本书研究内容的文献支撑。

第 3 章，是对研究内容中涉及的相关概念进行界定，揭示碳减排约束机制的作用机理，并对供应链中生产 – 库存理论作以介绍，是研究内容的理论支撑。

第 4 章，是后面第 5 ~ 7 章碳因素分析的基础，简述碳限额初始分配方法，

图1.2　本书的研究结构

刻画供应链生产－库存系统碳排放边界与分类，给出碳排放计量方法，并描述两种碳约束机制在供应链中的运用。

第5章，从单厂商问题开始，建立限额与交易机制、碳税机制下单厂商生产－库存模型，用数学分析法考察模型特征，用计算实验检验模型的有效性，对比两种减排约束机制的政策效果。

第6章，以多个成员构成的多级生产－库存系统为例，研究限额与交易机制下多级供应链生产－库存控制理论与方法，考察限额与交易机制对供应链分散与集中决策效果的影响，揭示限额与交易机制的政策影响。

第7章，碳税机制下多级供应链生产－库存控制策略将统一碳税扩展为级差碳税，并应用到多级供应链生产－库存系统中，建立四种运营策略的数学模型，用计算实验对比两种碳税形式对于生产－库存策略、供应链成员策略选择的影响。

第8章，对本书主要的工作进行总结，得出研究结论，并指出进一步的研究展望。

1.6 创新性工作说明

本书对限额与交易机制、碳税机制下企业供应链生产－库存控制问题进行了探讨与研究，针对现有研究中的薄弱之处，开展了以下四个方面的创新性工作。

① 针对供应链生产－库存系统碳排放因素，提出具体的刻画与度量方法。本书将碳减排主要集中于生产－库存系统，这是本书独特的研究视角，提出了针对供应链生产－库存系统的碳排放因素分析方法，具体包括：初始碳排放权的分配、生产－库存系统碳排放边界的确定以及分类刻画、限额与交易机制、碳税机制的数学分析方法，提出碳排放容忍度的定义，并依此建立级差碳税。

② 针对两种碳减排机制对供应链生产－库存控制的影响，给出了对比结论。通过单厂商分析背景，对比了限额与交易机制、碳税机制对厂商生产数量与订货策略的影响，并进一步给出了两种机制的政策效果。

③ 针对限额与交易机制下多供应链生产－库存控制问题，给出了一般模型及对比结论。现有文献中，将限额与交易机制运用于多级库存系统的研究几乎未见，因此本书建立了限额与交易机制下多级供应链生产－库存控制问题的数学模型，提出了供应链协调方法，研究了碳排放约束下多级成员运营与环境的协调问题。

④ 针对碳税机制下多级供应链生产－库存控制问题，专门引入了基于碳排放容忍度的级差碳税，结合成员竞争能力建立了四种策略选择，对比了级差碳税与统一碳税对供应链运营及碳排放水平的影响，给出了不同竞争主体的策略选择。

上述研究方法在现有文献中尚未涉及。因此，本书提出的理论与方法是低碳供应链理论的扩展与深化，为碳减排约束机制下供应链生产－库存控制问题的研究提供了理论及应用上的参考。

1.7 数学符号及用语说明

本书在研究过程中涉及多个变量及参数，所以，针对每个研究问题重新定义各章节参数及符号，在同一章节内所使用的变量及符号含义相同，除了特别说明以外，不同研究问题之间的数学符号没有联系。此外，由于二氧化碳排放数量占据温室气体的绝大部分，因此，文中对于碳排放的定义主要是指二氧化碳，并没有考虑其他温室气体。

第2章 相关研究文献综述

2.1 文献检索情况概述

本节主要是对碳约束机制下供应链生产－库存控制问题的相关研究的文献检索情况进行说明，从检索范围、检索情况和学术趋势三个方面进行介绍分析。

2.1.1 文献检索范围分析

为了确定本书的文献检索范围，首先对碳约束机制下供应链生产－库存控制问题的发展过程进行说明，根据问题的演化进程，能够得到本书研究所涉及的相关文献。

供应链碳减排问题的研究源于人们对于环境关切的增加，通过几年的文献学习整理发现，"碳排放"的提法大致经过以下三个阶段：第一阶段以"绿色"表示供应链碳排放问题。当气候变化引发的思考人所共知时，人们开始关注传统供应链运营所产生的环境影响，此时的碳排放均以"绿色"表述，学术界也将这种考虑环境问题的供应链定义为"绿色供应链"（Green supply chain）。时至今日，很多学者依然将与碳排放相关的研究称为绿色运营。第二阶段：低碳供应链。随着研究的深入，碳排放不再以绿色替代，而是直接以各种碳约束形式出现，低碳供应链也越来越被学术界认可。在这两个阶段，对于供应链中碳排放的处理方式主要是以约束条件体现，或通过参数转化为成本增加项。第三阶段：明确运用各种减排机制。在近几年的文献中，碳排放不再简单地通过约束表现，而是运用明确的碳减排机制，比如强制限额、限额与交易、碳税等来定义，从而使供应链中的碳排放问题更加具体化。而生产－库存是供应链的传统研究主题，将其与碳排放问题结合以后，本书的研究范畴已经清晰起来。

因此，与本书相关的研究文献主要包括以下几个方面：一是与低碳供应链相关的研究文献，包括绿色供应链中与碳排放相关的文献；二是与碳约束机制相关的研究文献，主要包括限额与交易机制、碳税机制两个方面；三是与生产－库存相关的研究文献，具体检索与分析情况如下。

2.1.2 相关文献情况分析

本书的研究文献均来自东北大学图书馆学术资源公共检索平台，检索范围涵盖了东北大学现有 125 个数据库，其中与所学专业相关、使用频率最高的数据库主要有：Elsevier Science、INFORMS、Springer Link、Emerald、Wiley Online Library、中国知网（CNKI）、中国博士论文全文数据库等中外文数据库。所查阅文献的时间跨度为 1960 年至 2014 年 3 月，采用的检索方式主要是关键词检索和主题检索。在对英文期刊数据库进行检索时，主要以 carbon emissions、carbon trade、cap-and-trade、carbon tax、multi-level production- inventory 等为主题或关键词进行检索；对中文期刊库进行检索时，主要以碳排放、碳交易、限额与交易、碳税、多级生产 – 库存等为关键词进行检索，检索结果汇总在表 2.1 中。

表 2.1   文献检索概况

检索源	检索词	检索条件	篇数总计	有效篇数	时间跨度/年
Elseiver Science 数据库	carbon emissions/carbon trade/ cap-and-trade/ carbon tax/ multi-level production- inventory	title/keywords	469	85	1993—2014
INFORMS 期刊数据库	carbon emissions/carbon trade/ cap-and-trade/ carbon tax/ multi-level production- inventory	title/keywords	119	27	1960—2014
Springer Link 数据库	carbon emissions/carbon trade/ cap-and-trade/ carbon tax/ multi-level production- inventory	title/abstract	213	22	2000—2014
Emerald 数据库	carbon emissions/carbon trade/ cap-and-trade/ carbon tax/ multi-level production-inventory	title/keywords	41	7	2000—2014
Wiley Online Library 数据库	carbon emissions/carbon trade/ cap-and-trade/ carbon tax/ multi-level production-inventory	title/keywords	35	7	2000—2014

续表 2.1

检索源	检索词	检索条件	篇数总计	有效篇数	时间跨度/年
EBSCO 数据库	carbon emissions/carbon trade/ cap-and-trade/ carbon tax/ multi-level production-inventory	title/keywords	27	5	2000—2014
IEL 数据库	carbon emissions/carbon trade/ cap-and-trade/ carbon tax/ multi-level production-inventory	title/keywords	64	11	2000—2014
CNKI	碳排放/碳交易/碳税/限额与交易/多级/生产-库存	主题/关键词	617	120	2000—2014
中国优秀硕士学位论文全文库	碳排放/碳交易/碳税/限额与交易/多级/生产-库存	主题/关键词	29	6	2000—2014
中国博士论文全文数据库	碳排放/碳交易/碳税/限额与交易/多级/生产-库存	主题/关键词	19	3	2004—2014
合计			1633	293	

其中，"有效篇数"是指与本书研究内容相关性高的核心期刊文章。从表 2.1 中可以看到，关于低碳供应链、生产-库存相关的研究内容，外文文献数量远远大于国内文献总数，国外学者的研究处于领先地位。经过对这些文献的进一步浏览与分类，并依据本书的研究需要，本书将从低碳供应链运作、限额与交易机制、碳税机制、多级生产-库存四个方面进行文献的简要综述。

2.1.3 学术趋势分析

本书以 CNKI 知识搜索中的"学术趋势"为分析工具，得出当前学术界对相关主题的关注程度。由于国内学者并不严格区别限额与交易、碳交易之间的关系，故将二者合并为碳交易。图 2.1 是对碳交易、碳税全文搜索后得出的学术趋势曲线，从图 2.1 中可以看出 2009 年以前，对碳交易、碳税这一问题的关注程度一直不高，2010—2011 年是研究高峰，这与国际社会对环境问题的关心密不可分。

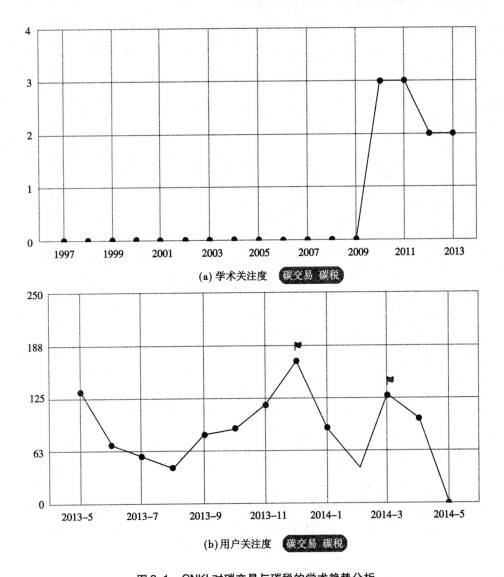

(a) 学术关注度　碳交易　碳税

(b) 用户关注度　碳交易　碳税

图 2.1　CNKI 对碳交易与碳税的学术趋势分析

注：▶ 表示标识点数值高于前后两点，且与前一数值点相比增长率大于30%。

图 2.2 是以"生产 – 库存"为关键词进行的学术趋势分析，可以看出对于生产 – 库存这个供应链的传统问题，其所受关注程度一直不减。与之相对，图 2.3 中对多级生产 – 库存的研究明显减少。

将碳交易、碳税与生产 – 库存两组关键词结合后，在 CNKI 中继续分析结果。由于可得文献数量太少，无法得到明确的发展趋势，再将碳交易、碳税分别与生产 – 库存结合，依然由于文献数量不足，无法形成研究趋势。因此，此处改由东北大学图书馆超星发现系统进行分析。超星发现系统是东北大学图书

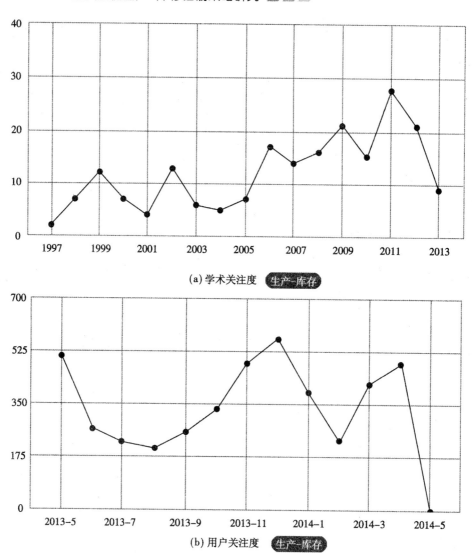

(a) 学术关注度 生产-库存

(b) 用户关注度 生产-库存

图2.2 CNKI 对生产-库存的学术趋势分析

馆一个综合搜索平台，它对图书馆可用的电子资源进行整合检索，包含上述提到的中文数据库，并放开搜索条件，用碳减排替代碳交易、碳税，与生产-库存合并后，得出的研究趋势如图2.4所示，2010年共有7个相关研究文献。

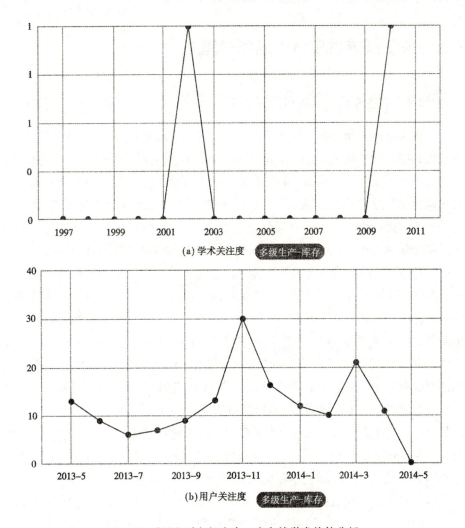

(a) 学术关注度 多级生产−库存

(b) 用户关注度 多级生产−库存

图 2.3 CNKI 对多级生产−库存的学术趋势分析

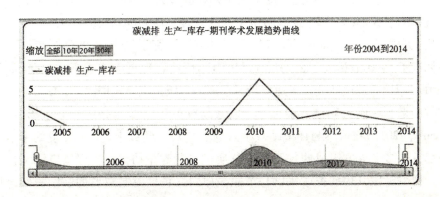

图 2.4 超星发现系统对碳减排与生产−库存的学术趋势分析

2.2 关于低碳供应链的运作问题

2.2.1 绿色视角的低碳供应链运作

低碳供应链的研究源于绿色供应链，学者们将影响环境质量的碳排放因素与供应链绿色程度相关。Srivastava（2007）对绿色供应链研究做了全面的综述，从产品设计开始就采用低碳环保的理念，指出环境关心贯穿于整个供应链，即对供应链实行绿色运营。徐伟等（2008）用博弈的方法研究了绿色供应链中通过消费者举报行为监督的政府与企业关系，提出了政府制定监督政策的定量方法。朱庆华和窦一杰（2011）将政府补贴引入绿色供应链中，政府补贴水平影响产品绿色度，进而影响到产品最终价格。在关于绿色供应链的研究中，线性规划、混合整数规划等运筹学模型运用最广泛。Dekker 等（2012）研究了运筹学在绿色物流中的运用，包括运输、库存、设施、产品回收、供应链计划与控制等物流阶段，结果表明运筹学可应用于更多的环境决策中。Guillen-Gosalbez 等（2009）用生命周期法评估化学供应链的碳排放，利用经济性能和环境影响双重标准对供应链网络进行重新设计，以提高供应链绿色水平。Sheu 和 Chen（2012）使用博弈理论分析了绿色税和绿色补助对绿色供应链竞争的影响，分析结果表明：政府应该采用绿色税和补助以保证绿色产品生产分配的绿色利润非负，没有政府财政干预时，社会福利和供应链利润均会提高。Ghosh 等（2012）用相同方法研究了产品绿色革新的服装供应链的分散与渠道合作，结果发现，产品绿色水平会影响供应链的利润。Liu 等（2012）研究了消费者的环境意识对供应链绿色程度的影响，结果表明：消费者的环保意识越高，其对环保产品的高价格支付意愿越强，由此改变了供应链竞争形式。Koh 等（2012）研究了废弃电气和电子设备（WEEE）及限制使用某些有害物质（RoHS）指令对两级供应链绿色度的影响。Giovanni 等（2012）用实证方法研究了供应链中环境管理问题，在调查了 1400 个意大利公司后，得出内部环境管理更能增加绩效。Zhang 等（2013）用博弈理论研究了考虑产品绿色度的三级供应链协调问题，提出三种协调机制来实现成员间的收益共享，以激励成员积极参与绿色产品市场合作。Chan 等（2013）将成本与环境绩效融入到一个效用函数中，研究环境约束下单个卖方与多个买方组成的二级供应链通过订货数量协调，实现供应链绿色环保。曹柬等（2013）研究了采购环节隐藏原料绿色度时制造商的激励契约设计问题，结果表明基于线性分成的次优契约运营与协调效果更好。Ruiz-Femenia

等(2013)用随机混合整数线性规划研究了需求不确定的化工供应链经济与环保绩效,用生命周期法评估了供应链碳排放,结果发现:随机的解决方案下的经济与环保绩效都优于确定情景。

2.2.2　约束视角的低碳供应链运作

低碳供应链兴起以后,碳排放成为供应链运营的约束条件,企业开始关注如何通过运营决策来减少供应链的碳排放,比如通过网络重新设计、改变运输模式等。由于物流系统中运输排放占据相当的比例,如若长距离输送,所选用的运输设备将直接影响供应链的碳排放数量。

2.2.2.1　基于网络设计的减排运作

Palmer(2007)计算道路行程中的二氧化碳排放量建立了车辆路径模型,并考虑配送时间和行驶距离进行了路径选择,结果表明通过路径选择优化可以使二氧化碳排放量减少约5%。Kim 等(2009)以东西欧走廊为例,通过成本最小、排放最小的双目标线性规划模型,研究了公路、铁路和海运最佳的组合运输方式。Kim 和 Wee(2009)又对比了单一卡车系统与火车多式联运系统对碳排放的影响,同时细分了火车类型,并考虑了发电资源对排放的影响。Sathaye 等(2010)研究了车辆负载增加对路面造成损害维修供应链所产生的碳排放问题,结果表明:负载整合虽然能缓解交通拥堵,但车重增加会致使路面维护和施工的排放量更高。Cachon(2011)依据顾客距离商场远近,驱车所产生的碳排放数量设计了供应链布局。Bektast 和 Laporte(2011)使用混合整数线性规划研究了车辆运输过程中的碳排放问题,结果表明,应选择使排放最小的供应链网络。Shaw 等(2013)用目标规划研究了服装供应链网络可持续设计问题,其中主要考察了原材料的隐含碳排放,结果表明管理者不能忽视供应链间接碳排放。Pan 等(2013)以法国零售连锁分销网络为背景,探讨了集中供应链网络减少公路与铁路两种运输模式的二氧化碳排放量,结果发现:单一公路运输下,通过供应链集中可以减少14%的二氧化碳排放,而集中后使用公路和铁路联合运输减排比率则高达52%。Demir 等(2014)用双目标模型研究了车辆运输的碳排放,结果表明:基于燃料消耗最小和行驶时间最短,确定了最佳的供应链配送路线。Hoen 等(2014)将碳意识纳入企业管理之中,改变供应链传统运输模式,结果表明:运输模式转换的确可以降低碳排放量,但是实际的决策还依赖于碳减排规制。

2.2.2.2　基于网络共享的减排运作

Ballota 等(2010)以法国零售企业为例,研究了供应链成员之间如何通过库存共享减少供应链碳排放,结果表明仓库集中使用时至少节省25%的二氧化碳排放量。Harris(2011)研究了仓库用电和运输所产生的碳排放与总成本之间的关系,结果表明成本最优解与碳排放最优解可能不相一致。Mallidis等(2012)研究了运输方式选择与仓库共享碳排放对供应链设计的影响,并用欧洲一个开发区的供应链网络验证模型,研究结果表明:第三方物流更应该使用共享仓库,这样可以提高企业的成本和环境绩效,而运输共享对环境最有利。通过供应商选择同样会减少供应链碳排放,Lee(2011)以现代公司旗下一款轿车的10个一级供应商为例,以前保险杠为具体对象,研究了减少碳排放的方法。Kumar等(2014)建立了一个绿色数据包络分析模型(GDEA),由于供应商所在地区排放标准与法律不同,不同选择方式碳排放水平会发生变化。Wu等(2011)用理论模型探讨了战略转移对跨国供应链碳排放的影响,结果表明企业会优先将生产企业设在碳排放监管弱的国家或地区。

2.2.2.3　基于技术革新与合作的减排运作

技术革新是另一个减排的重要途径,但这又涉及投资成本的大小。Reilly等(2002)研究了CO_2的沉降技术,并且指出了减少温室气体排放所带来的经济性和环保性。Sundarakani等(2010)使用欧拉和拉格朗日运输模型从供应链静态和非静态两个来源研究了四级供应链的碳排放问题,研究结果表明,沉降技术、冲洗技术都会影响碳排放总量。Guo等(2006)使用社会成本-收益分析法研究了排放一吨碳的边际社会损害,结果表明折现率下降使碳排放社会成本增加了10%。Islegen等(2011)用成本收益分析法评估了发电厂碳捕获技术的边际成本,分析结果表明:燃煤电厂采用碳捕获技术,其碳排放收费的盈亏平衡点是30美元/吨。Benedetto等(2009)使用生命周期评估研究了产品系统的环境影响,结果表明,碳封存与碳中和可以提高供应链环境绩效。McKinnon(2010)对比了产品层面的碳审计或碳标签工作的成本与收益,研究结果表明:企业应该致力于管理时间和资源,进行低碳创新。黄守军等(2011)研究了碳减排调度下发电厂与输送电网之间的合作竞价机制,结果表明,合作竞价能提高发电厂减排的积极性。Abdallah等(2012)基于制造商的环保采购以及供应链碳排放建立了混合整数规划模型,评估了碳排放对供应链设计的影响,结果表明运用绿色技术更能降低企业的碳排放。谢鑫鹏等(2013)研究了三级供应链协同减排与生产决策,结果表明在完全合作协调下供应链收益与减排效果最优。Agrawal等(2013)研究了模块技术升级对环境的影响,考虑模块升级的成本与环境影响,结果表明:在一定条件下,加速子系统替换所产生的碳排放更少。Dormer等(2013)的研究表明,原材料回收和生产工艺改进能有效减少碳排放。

Johnson 等（2012）研究认为，改进原材料结构，可以达到类似效果。Wang 等（2011）使用多目标混合整数规划考察了环境投资对供应链设计的影响，在总成本与环境影响之间权衡，结果表明增加供应链能力对环境与成本更有益。Caro 等（2013）研究了改变供应链碳分配技术对减排的影响，研究结果表明，供应链碳足迹双重计算可以有效降低排放，实现社会最优。Mózner（2013）认为，碳排放核算方法也会产生排放差异，基于消费核算的碳排放总量更低。谢鑫鹏等（2013）和王芹鹏等（2014）研究了考虑减排与促销的二级供应链的合作策略，研究结果表明，在合作契约下制造商和零售商的碳减排与促销水平最高。Pang 等（2014）研究了托盘生产过程的碳排放，结果发现，改进加工温度与热定型周期能有效降低生产碳排放。

2.3　关于限额与交易机制的供应链运作问题

2.3.1　基于碳交易的供应链运作

很多文献将所有涉及碳信用额买卖的行为都归于碳交易中，并不严格区别，特别是在早期的研究中。Sorrell 等（2003）通过验证碳交易下供应链各组成部分的绩效研究了碳交易的政策组合，研究结果表明，碳交易可以提高能源效率。Dobos（2005，2007）在原有研究之上引入一个碳交易变量，使用 Arrow-Karlin 模型研究了碳交易对企业生产－库存的影响。Monni 等（2007）研究了欧盟排放交易计划对其他部门的影响，由于可交易数量的不确定性，碳交易的类型也不相同。Sadegheih（2011）使用碳排放交易机制研究了电力传输网络的优化设计，较 2010 年研究结论相比，优化结果更好。Sadegheih 等（2011）又将碳排放贸易与运输问题结合，研究了二氧化碳对全球供应链的影响。Chaabane 等（2012）按照生命周期评估原则，从经济、环境、社会三个方面研究了排放交易下供应链可持续设计问题。Giarola 等（2012）设计混合整数线性规划模型来研究碳排放配额交易计划下多级生物乙醇供应链的设计与规划问题，结果表明，所建立的模型可以引导供应链长期决策与投资。Gong 等（2013）研究了碳排放交易机制下制造商的生产技术选择问题，根据碳排放高低不同确定生产技术，再决定生产数量。李昊等（2012）研究了不同碳排放权交易机制模型，仿真结果表明，有偿分配碳排放权更能促进企业采用低碳化策略。范体军等（2012）研究了碳交易机制下考虑碳减排技术投资的生产－库存问题，研究结果表明：增加减排投资时，生产波动性增强，库存水平下降。计国君等（2013）用 EOQ 模型研究了不同碳交易规制下易腐品的订货策略，结果表明，基于碳交易规制的订货模型成本更低。

2.3.2　基于限额与交易的供应链运作

限额与交易机制是那些设有排放上限的国家或企业所采用的基于配额的碳交易行为，比如欧盟排放交易体系（EU – ETS）下的欧盟配额（EUAs）、《京都议定书》下的分配数量单位（AAUS）。《京都议定书》中提出"国际排放贸易"（International Emissions Trading）作为柔性减排手段之一，分配排放限额给负有减排责任的工业化国家。此后的学术研究上，国外学者提出了严格的限额与交易（cap-and-trade）概念。

Ramudhin 等（2009）研究了限额与交易机制下可持续供应链的设计问题，可持续性从经济、环境、社会三个方面体现，提出了供应链结构和混合整数规划的思想。Cholette 等（2009）以紫诺玛酒庄在圣旧金山和曼哈顿的销售为例，研究了不同运输模式下能源消耗和碳排放强度，比较得出酒厂应该集中于转运而不是仓储环节，证明限额与交易机制是有效的。Diabat 和 Simchi-Levi（2009）用混合整数规划模型研究了碳限额约束下两级多商品供应链网络设计问题，结果表明，碳限额增加，供应链成本降低。杜少甫等（2009）研究了排放许可与交易下厂商的生产优化问题，其考虑净化水平，得出了排放限额下的最优生产策略。Hua 等（2011）将限额与交易机制融入经典 EOQ 问题中，建立了环境库存模型，并用命题推理出碳限额与碳交易价格发生变化时，库存水平与碳排放的数量变化。Kroes 等（2012）进一步定义了限额与交易的概念，并实证分析了此机制下企业经营承诺、环境绩效、公司绩效三者之间的关系，结果表明：环境绩效与公司绩效二者很难同时兼顾，从监管角度看，祖父制许可和环境绩效之间也是负相关。付秋芳等（2013）研究了二级供应链碳减排博弈模型，研究发现，不同的交易机制与碳限额分配形式会影响成员收益和碳减排水平。赵道致等（2012）研究了排放限制与交易下供应链低碳运营策略，其考虑企业不同的减排成本，设计了一套供应链整体低碳化的定量策略。高振娟等（2013）年在碳交易背景下研究了通过供应链碳资产质押融资问题，设计出一个基于配额交易的碳资产质押贷款流程。Benjaafar 等（2013）将传统模型与碳排放问题相结合，研究了限额与交易下厂商生产与库存运作策略，研究表明，碳排放参数能调节供应链的成本及排放数量。Zhang 和 Xu（2013）使用报童模型研究了限额与交易机制下多种产品生产问题，并讨论了碳税政策，研究表明，碳税、限额与交易能实现相同的排放和利润，但二者不能同时使用。

2.3.3　其他涉及交易的供应链运作

还有一些文献以其他形式表示碳交易问题。Dobos(1998)修正 Holt-Modigliani-Muth-Simon(HMMS)模型，研究了环境约束下厂商的管理策略，结果表明，环境约束会使生产波动较小，库存水平下降。李寿德等(2009)分析了允许排污权跨期交易的厂商生产与库存运作问题，分析表明，由于成本增加，厂商会出售一部分排污权而使其总成本最小。Li 等(2012)将碳约束指定为排放许可银行，可交易的排放许可存入排放许可银行，并允许排放权跨期使用，使得厂商的生产与库存水平均发生变化。Li(2013)又在原有模型之上，考虑了碳减排技术投资，得出了相似的研究结论。Absi 等(2013)将碳排放与批量问题直接结合，每一种模式对应一种生产设施和运输方式组合，研究了四种碳排放约束下的批量问题，结果表明，三种约束情况是 NP 难问题。改进传统模型是此类问题一个重要的研究方法。Brito 等(2012)将环境因素融入报童模型，研究了企业订货决策的变化，结果表明，碳排放因素会改变企业订货数量。Bonney 等(2011)认为，传统的 EOQ 模型已经不能解决环境约束的库存问题，提出了革新的环境 EOQ 模型，需要增加碳排放相关因素，研究结果表明，环境 EOQ 模型的最优订货量高于经典模型的订货量。Wahab 等(2011)研究了有缺陷商品返回供应商的二级国际供应链的订货数量协调，汇率风险和环境因素改变了供应链的订货数量及发货次数，使用扩展 EOQ 的思想得出结论。Bouchery 等(2012)通过可持续订货数量(SOQ)模型，确定经济、环境、社会三个标准下的最优订货策略，结果表明，基于碳限额的政策更有效。Chen 等(2013)使用 EOQ 模型进一步证实了通过订货数量调整，能够实现碳排放显著减少而又无成本大幅增加，这为通过调整运营策略实现减排目标提供了可能。

2.4　关于碳税机制问题

碳税是按照化石燃料的含碳量或碳排放总量征收的一种税，以克服环境污染的负外部性。通过征收碳税，既可以减少二氧化碳排放，又能降低税制扭曲程度，实现税收的"双重红利"作用。所以，对于碳税的研究最早是从宏观领域开始的，理论研究不断完善以后，才逐渐转入微观运用层面。

2.4.1　基于宏观层面的碳税问题研究

在北欧国家开征碳税之初，碳税对宏观经济的影响受到广泛关注并一直延续至今。Barker 等(1993)用能源 – 经济 – 环境模型研究了碳税对英国宏观经济的影响，研究表明，对企业征收碳税既可以降低排放量，又不会对英国 GDP 增速产生明显影响。Herber 和 Raga（1995）从经济与政策两个方面分析欧盟碳税的影响后指出，因为全球气候变暖的客观事实，碳税可能会被长期执行。Lutter 和 Shorgen（2002）研究了碳交易国际贸易关税，由于本国空气污染程度影响着可交易碳排放数量变化，可能会造成碳交易市场价格超出碳排放控制成本，应该加强市场干预。高鹏飞等（2002）研究了碳税对中国宏观经济及碳排放总量的影响，研究表明，碳税会产生较高的 GDP 损失。Bruvoll 等（2004）对挪威过去几年执行的高碳税政策效果进行了分析，发现碳税的实际影响是适中的，在碳税影响较小以及需求缺乏弹性的部门，碳税被真正实行。Metcalf 等（2007）研究了企业税制改革对产业结构的影响，衡量碳税全部或部分转化成企业税后，原有经济结构体负担增加。朱永彬等（2010）分析了 6 种碳税的碳减排效果，并得出了其对中国宏观经济的影响，结果表明：碳税能够降低排放，改变产业结构。乔晗等（2010）研究了英国、丹麦、挪威和瑞典的碳税政策特征和减排效果，得出了对我国碳税设计的有益见解。Wei 等（2011）用经济学理论分析了低碳背景下，中国开征碳税对宏观经济和微观经济的影响，结果表明，设计适当税率是实现低碳经济的选择。刘洁等（2011）实证分析了碳税开征后对中国经济的影响，研究认为，征收碳税能够减排，但对于社会总产出将带来负面影响，建议短期内不要开征。李永刚（2012）的研究结论恰好相反，他认为，碳税不仅对收入分配没有影响，还能够促进经济增长。赵玉焕等（2012）用计量模型研究了征收碳税对能源密集型产业国际竞争力的影响，结果表明，碳税与这些行业负相关。Babiker 等（2003）用模型评价了碳税对欧盟各国的影响，指出一个国家执行战略性气候政策会限制国内能源密集型产业的发展。Moghaddam 等（2013）提出了国际贸易中碳边境税的计算方法，通过修正 GHG 强度指标，重新计量了国家间碳排放。

随着碳税理论的发展，研究视角转入具体的产业部门。Floros 和 Vlachou（2005）实证分析了希腊制造部门的能源需求和相关的碳排放，结果表明：碳税会使能源结构发生变化，促进能源相关替代。Lee 等（2007）建立模糊目标规划方法研究台湾石化行业的最佳碳税方案，结果说明：上游产业增加 CO_2 减排量，而下游产业却很难实现减排目标。Lee 等（2008）研究了碳税与碳交易共同作用下对不同经济部门产生的影响，结果表明：两者结合时石化产业 GDP 累积损失减少，石化产业上游企业会从碳交易中受益。Wang 等（2011）实证分析了高、中、低三种碳税对中国 36 个经济部门竞争能力的影响，结果表明：高税率是必要的，当碳税较低时，对行业竞争产生的影响很少。付丽苹等（2012）研究了征收碳税对高碳企业的影响，研究表明，设计合理的碳税能实现行业的控制目标，并能激发企业主动向低碳方向发展。李长胜等（2012）用两阶段博弈研究了东西部钢铁行业碳减排问题，基于不同的减排强度，对比了碳税对减排目标与社会福利的影响。Bordigoni 等（2012）用投入 – 产出法分析了欧洲 59 个行业部门和世界正在发展的 17 个工业体的隐含能源碳排放问题，结果表明，碳税会使行业和国家的负担不均等。石敏俊等（2013）用动态 GGE 模型研究了碳税、碳交易两种减排机制对中国经济的影响，结果表明，两种政策结合运用减排效果更好。Brand 等（2013）实证分析了英国客运系统的碳税设计问题，结果表明：CO_2 分级和严厉的限额是最重要的，政府应集中制定带有价格预警信号的激励机制。崔连标等（2013）针对美国征收碳关税问题，研究了中国是否采取自主减排，结果表明，在成本公平之下中国更应该自主减排。乔晗等（2014）用非合作博弈方法研究了对欧盟征收航空碳税的应对策略，结果显示"拒绝交纳"的效果最好。

2.4.2　基于微观层面的碳税问题研究

北欧国家的碳税实践以及碳税在宏观领域累积的成果对微观供应链减排产生重大影响运作。Wirl（1991）考察了污染收费对生产水平的影响，这是可见到的最早的关于碳税的探索性研究。Penkuhn 等（1997）研究了流程工业中融入环境因素的生产计划，建立非线性规划，将生产过程中的碳排放数量通过碳税转化为企业运行总成本的一部分。Dobos（1999）扩展了 Wirl 的结论，将排放收费与排放标准结合起来，研究了环境约束下的最优生产水平。Letmathe 等（2005）研究了环境因素下企业产品的最优生产组合，通过线性规划和混合整数线性规划讨论了不同运营过程下产品组合的变化，以碳税作为单位碳排放成本。Nagurney 等（2006）以一个电力传输供应链为例将碳税内生化，设置了三种碳税形式，结果表明，碳税使排放总量限定在预期范围之内。Chen（2010）用报单模型研究了监管与自愿两种污染控制方法对企业生产与库存的影响，研究表明，通过设定适当的税率，自愿控制方法不但能降低生产和库存水平，而且对环境更有效。Zhao 等（2012）使用博弈论研究了绿色供应链中应对环境风险和碳减排的策略选择，以风险容忍度作为决定环境风险和碳排放减少的决策基础，碳排放以碳税的形式转化为成本，同时考虑政府制裁和政府激励对成员决策的影响。杨珺等（2012）用系统动力学方法研究了强制限额与碳税两种政策对二级供应链排放与总本的影响，结果表明，强制限额与碳税需要合理制定才能发挥作用。Rizet 等（2012）用碳税作为单位排放成本，比较了比利时、法国和英国供应链中运输活动相关能源消耗及二氧化碳排放,结果表明:海运和消费者环者产生高排放,而在仓储、公路运输上排放相对较低。Du 等(2013)用博弈论分析了一个排放依赖型制造商与一个排放许可供应商构成的二级供应链生产数量与排放许可交易价格决策,比较了碳税与碳交易两种减排机制。Avineri 等(2013)运用化合价理论分析了个人出行运输的碳排放问题,碳税作为衡量标准,正项表示环境收益,负项表示减少的环境损失,结果表明,负项比正项更有效地表示运输模式 CO_2 排放量。Rosic 等(2013)用报童模型研究了碳税和碳交易对两个供应来源的订货选择问题的影响,碳税高低会改变企业在两个供应商的订货数量。Chung 等(2013)采用动态优化方法研究了多个制造商和多个零售商组成供应链网络考虑污染税的生产决策,由于污染税的存在,制造商要决定外购或自制中间产品的环节及数量,由此网络结构与规模都将发生改变。Krass 等(2013)分析了碳税机制下企业生产技术与监管机构的行为选择,研究发现,公司对税收增加的反应可能是非单调的:起初税收增加可能推动公司转向更环保的技术,进一步增加税收可能会促使反向转变。Choi(2013)研究了碳税对本地采购与海外订购的影响,分析结果显示,设计适当的碳足迹税不仅可以成功地吸引时装零售商从本地采购,而且可以降低时装零售商风险。黄菲(2013)用最优控制理论研究了排污税下易腐品生产-库存系统的生产率最优控制问题,给出了排污税下生产率的策略与解析解。李媛等(2013)用博弈方法研究了政府通过碳税监管企业的演化博弈模型,从长期效果看,提高碳税是有效的激励方法。

2.5　关于多级生产-库存优化运作问题

由于单厂商的生产-库存问题相对简单,在限额与交易机制、碳税机制部分已经提及,因此本节主要介绍与多级生产-库存问题相关的研究文献。随着问题研究的深入,本部分内容从以下几个方法展开。

2.5.1　多级生产-库存问题的理论发展

多级库存的研究最早源于1960年,Clark 和 Scarf 在单级库存的基础上建立多级库存,提出"级库存"概念和无能力约束的多级库存分解的方法,这种分解方法奠定了多级问题研究基础。Federgruent 等(1984)将 Clark 的两级两个位置的库存模型扩展到无限规划周期的背景下,定期检查库存,提前期固定,并进一步讨论了一个仓库对多个位置配送问题,结果表明,此种情况下模型可以用一个位置近似表达。Chen 和 Zheng(1994)将 Clark 的方法应用到一个仓库与多个零售商构成的分销网络,对于已有的连续系统的最优解,提出了更简化的证明方法。之后,Chen 和 Zheng(1994)又将研究内容扩展到多级连续的(R, nQ)生产系统中,在评估了相连阶段库存关系以后提出了一个递归程序,能够计算系统稳态级库存水平。Houtum 等(1996)将 Clark 的理论应用于一个三级连续的生产与分配系统中,研究了随机需求下系统间物料协调问题,考虑了等级间提前期与能力约束。Chen 和 Zheng(1997)又建立了一个由一个中心仓库和多个零售商组成的配送系统,提出了一种解析算法来计算长期的平均系统持有成本和延迟成本。Muharremoglu 等(2008)研究了具有马尔可夫调节需求和随机提前期的多阶段基本库存策略的最优性,建立了一个将多级系统分解成一系列的单一产品单一顾客问题的新方法,并给出了技术证明与计算基本库存水平的有效方法。Angelus(2011)研究了一个周期有限、带有二级市场的多级库存系统,由于二级市场的复杂结构,所以经典的 Clark-Scarf 分级不再适用,提出由每一等级单一的基本存货水平递归确定处置饱和策略,可以实现问题的分解。这些供应链组成结构相对简单,但推理分析复杂深入。

2.5.2　多级生产－库存问题研究方法改进

理论分析为库存管理的更多应用提供了指导,依据外部消费需求变化管理整条供应链库存水平,可以作为优化多级供应链网络的新标准。

Kalchschmidt 等(2003)研究了多级系统中不确定需求,每一层级上顾客的需求各不相同,根据需求波峰差距建立需求预测方法来管理各级库存水平,并用算例说明预测性能可靠。侯玉梅(2003)用马尔可夫过程分析了具有泊松需求的工厂与仓库之间协调问题,数学分析出近似最优解。Lam 和 Tang(2006)在多级库存系统中引入了供应商选择问题,建立了大规模的多目标线性规划(MOLP),考虑了从供应商到最终客户的满意程度,并用图表的方式呈现了帕累托最优解。卫忠等(2007)用多个控制目标研究了多级库存系统,并通过双层求解方法构造了新算法,算例结果证明,用多目标优化效果更好。Park 等(2010)以零售商风险共享和供应商与分销商之间的提前期为因素研究了三级供应链网络设计问题,研究表明,用近似 EOQ 理论表示正态分布需求,可以简化库存控制模型。李群霞等(2011)用模糊集理论研究了带有缺货和缺陷产品的供应链生产库存模型,得出了缺货数量及缺陷率对系统成本的影响。Tancrez 等(2012)建立非线性规划模型研究一个大规模三级供应链选址与库存问题,用近似替代法将不确定需求转化为确定需求处理,用分解技术将复杂的非线性规划转变为线性规划进行求解。Efendigil 等（2012）以土耳其从事耐用消费品公司为例研究了供应链整合方法，从消费者到供应商的仓库、零售商和工厂通过基于模糊推理系统的自适应网络和人工神经网络的方法整合，研究需求不确定环境下供应商能力。Cardenas-Barron 等（2012）改进了 Ben-Daya（2010）联合经济批量模型，并提出了新算法，不但节约 CPU 时间，也减少运营成本。Guchhait 等（2013）用最优控制理论研究了有限时间周期，生产率随时间改变，需求依赖于时间或现有库存，启动成本部分依赖于生产率，持有成本部分依赖于时间的易碎品生产与库存控制。Kovacs 等（2013）对目前多级库存管理方法进行了总结，指出分解法、整合法、协调法与双层法是供应链库存控制中对于批量选择常采用的方法。

2.5.3　多级生产-库存联合优化

还有一部分文献主要通过供应链成员之间订货水平与生产数量协调来研究多级生产-库存问题。刘永胜等（2004）研究了制造商与零售商之间的库存协调问题，零售商按照制造商设定的周期订货，并提供一定数量折扣，可以实现供应链库存策略最优。Jaber 等（2006）研究了带有价格折扣的三级供应链模型，并研究了两种利润共享机制，结果表明，基于投资收益分配协调利润比数量折扣方法更有效。王圣东（2006）研究了单供应商与多个销售商之间的联合生产库存问题，放松假设条件后，找到了系统最优的生产与供货的策略。Lee 等（2006）研究了三级供应链的订货协调模型与成本补偿政策，分别建立了独立决策以及供应链协调模型，对协调模型的利益和损失使用补偿政策。夏海洋等（2008）研究了带有正态需求的供应商与采购商的生产-库存联合优化问题，提出了简单有效的求解方法。彭红军等（2010）研究了二级不确定环境下供应链的生产与订购决策，考虑多种因素，结果表明，集中决策时供应链利润更高。Sana（2012）研究了一个三级供应链的订货批量与生产批量决策问题，运用数学分析方法对比了供应链分散与集中决策，结果表明，集中决策高于分散决策时的利润。Roy 等（2012）使用报童模型研究了三级供应链最优订货数量模型，使用供应链期望平均成本函数权衡最小的库存成本和短缺成本，以获得最优订货批量。He 等（2012）研究了需求和供给不确定下多级供应链的库存、生产与合约决策，提出了一个由制造商和零售商使用的回购策略，结合原材料供应商和制造商之间的批发价格合同，才能更好地协调供应链。Seifert 等（2012）用报童模型研究了风险中性的三级供应链协调形式，结果表明上游协调好于下游协调。Omar 等（2013）研究了三级准时制造系统，分别讨论了等批量发货与等周期发货两种情形，建立了使供应商及买方的持有成本最小的模型。

沿用这一思想，更多的影响因素引入多级生产-库存协调中。Rodriguez 等（2010）研究了存在季节性需求波动的供应链库存管理与交付优化问题。Goel 和 Gutierrez（2011）研究了一个带有现货与期货两个市场的多级采购与分销系统的库存管理。Sana 等（2011）研究了三级供应链中带有缺陷产品返工的生产-库存模型。Wang 等（2011）研究了三级易腐品供应链的生产与库存问题，并考虑三级战略联盟建立了最优的库存策略。Shi 等（2011）用报童框架研究了两个渠道产品的生产计划，以及新产品生产或回收产品再加工。Pal 等（2012）研究了具有供给中断风险的多级供应链模型，并存在销售季节因素与产品返修问题。Pal 等（2012）考虑机械故障和产品返工问题，研究了一个三级供应链集成生产-库存模型。

2.5.4　复杂结构的生产-库存问题

增加成员数量、增加供应链层级结构是多级生产-库存问题的另一个研究动向。Ben-Daya 和 Hariga（2004）改变多级问题的理论分析，增加每一层级成员数量，重点放在供应链的生产与订货协调问题上，研究了一个卖方与多个买方系统的生产与库存问题。Yu 等（2008）研究了多成员组成的三级供应链易腐品生产与库存问题，考虑供应链纵向与横向结盟，对比了四种决策方式下供应链成本，作为策略选择依据。Jaber 和 Goyal（2008）针对多个供应商、一个制造商、多个零售商组成的供应链的订货问题进行了研究，对比了分散与集中两种决策方式下的成本差异，提出了用数量折扣的方法对供应链成员进行成本补偿，以此实现制造商协调。Zavanella 等（2009）以寄售库存的形式研究了单个卖方与多个买方的生产-库存问题，结果显示，卖方以寄售形式管理多个买方库存是最好的选择。Li 等（2011）研究了一个仓库对多个零售商配送交付的协调问题，研究表明，分割交付次数能大幅降低零售商库存持有成本。Osman 等（2012）研究了包括多个商品的多阶段供应链的经济批量和配送调度的同步策略，通过指定生产顺序和补货周期，可以最低的成本实现整个供应链同步。Pal 等（2012）使用线性代数方程研究了多供应商、一个制造商和多零售商构成的三级供应链的生产-库存模型，并用数学分析方法证明了解存在并唯一。Guerrero 等（2013）研究了一个仓库、多个零售商的多产品分配系统库存联合优化问题，并用算例说明了所提出的方法不仅能满足服务水平，而且比现行方法库存水平节约 45%。Jha 等（2013）考虑提前期与服务水平研究了单个卖方与多个买方之间生产-库存系统的整合问题，得出了生产批量以及交付批次。Sajadieh 等

(2013)研究了三级多成员的生产－库存协调,使用整数倍协调机制,需求率已知确定,需求提前期随机服从指数分布,建立供应链总成本函数,用数学命题证明出相关结论。Pan等(2013)用混合整数线性规划研究了一个四级供应链网络设计问题,每个成员都有生产与运输能力约束,从各层中选择一个成员组成供应链网络,以供应链运营成本最小为目标。Jonrinaldi 和 Zhang(2013)研究了一个五级制造供应链模型,在确定需求下考虑各级订货与生产策略,建立了分散模型、半集中决策模型以及集中决策模型。

2.6　已有研究的贡献与不足

2.6.1　已有成果的主要贡献

从整个文献梳理过程可以看出,自绿色供应链开始,到低碳供应链,对环境问题的关注使得管理学家开展了大量的研究工作,并取得积极成果,主要包括以下几个方面。

(1)表明碳约束机制下供应链生产－库存控制问题具有重要研究价值

从已有的研究文献可以看出,在绿色供应链研究阶段,碳排放问题就引起了学者的关注,之后陆续有学者开始专门研究碳排放约束下的供应链运营,又引入特定的减排机制,这些研究转变使碳减排约束机制下的供应链生产－库存运作问题越发清晰,这为选定本书的研究主题提供了方向性指引。

(2)为碳减排约束机制下供应链运作提供了现实背景与参考依据

当减排成为普遍共识,规划运输路径、改变运输组合模式、重新优化布局等运作方式成为供应链管理经常使用的碳优化方法,还有企业通过改进管理理念进行低碳化管理。这些研究内容为本书提供了现实的参考依据,进一步证明本书的研究具有广泛的现实意义。

(3)为碳约束机制下供应链生产－库存控制问题提供理论基础与指导

已有研究成果对这一领域的基本概念与理论已做了清晰阐述,从碳排放仅作为衡量供应链绿色的标准开始,到早期的碳交易、碳税的研究文献,碳排放问题已取得了基础性研究成果;而对于多级生产－库存问题,又具有较完备的理论体系与方法,这两个方面的结合为本书工作的进行提供了理论基础与有益的指导。

2.6.2　已有成果的不足

尽管既存文献已经取得丰富成果,但总结分析以后,依然能发现存在不足,主要表现在以下几个方面。

(1) 关于供应链碳排放因素刻画与度量的研究不足

已有研究中尚未见到对供应链系统碳排放因素进行数学刻画以及分类度量的研究。现有研究文献大多是将碳排放因素直接作为模型参数或约束条件，并不考虑供应链系统碳排放核算边界、分类计量等具体问题，这使得供应链碳排放问题的研究缺乏清晰的核算界限与度量方法，供应链整体碳排放没有总体把握。

(2) 关于库存系统碳减排问题的研究不足

虽然现有供应链采用的减排运营方式很有效，但是通过库存环节运作，比如改变订货数量、调整交付频率等来减少碳排放的研究却很少被提及。在供应链运营过程中，车辆运输所产生的碳排放占到供应链碳排放总额的 50% 左右，其余碳排放来自生产过程与存储环节，忽视生产 - 库存过程碳减排的供应链无法真正实现低碳化。

(3) 关于多种减排约束机制下多级供应链生产 - 库存控制问题的研究不足

目前，限额与交易机制的研究主要用在供应链网络设计中，用于库存环节的研究也都是单厂商运作情景。而碳税都采用统一税率形式，通常被视为某一确定常量，作为成本增加项进行处理，并不考虑排放水平高低，几乎未见到二者用于多级生产 - 库存系统的研究。虽然多级生产 - 库存理论成果丰富，但目前的多级研究理论都不涉及碳排放问题，更不涉及通过库存运作协同减排问题。

2.7　已有成果对本书研究的启示

通过评析已有文献的贡献与不足，既能得到本书研究的基础，更能得到本书研究的重要启示。

① 已有成果中对于碳排放一般概念的界定与描述可以为本书深入刻画与度量供应链系统碳排放因素提供研究基础。由于现有研究中这方面文献尚属不足，因此，明确供应链碳排放核算边界，用数学模型清晰刻画多级供应链成员碳排放数量关系等问题非常具有研究意义。

② 已有成果针对单厂商库存减排的研究表明，没有明显成本增加时，通过改变库存策略能够降低碳排放，例如环境库存模型、可持续订货数量模型等在传统的库存理论基础上，提出了可以反映碳排放因素的库存管理模型，并得出有效的管理见解。因此，可以借鉴碳约束下单厂商库存管理的模型与方法，构

建考虑碳排放的多级库存控制模型，并与生产问题相结合，得到碳约束下多级生产–库存系统联合决策模型。

③已有成果对于限额与交易机制、碳税机制与单厂商结合的研究可以扩展至多级系统中。如何将碳约束机制与多级生产–库存系统结合，运用多级生产–库存的丰富理论，通过调整供应链成员间生产与库存管理策略降低供应链碳排放，是一个具有重要意义的研究课题。

当碳排放权成为一种企业运营必需的资源，并可像普通商品一样在市场流动，减排问题关系到供应链成员的利益。在不同的碳减排约束机制下，供应链多级生产–库存系统应如何进行策略选择，以优化整个供应链运作？供应链成员如何分担碳减排责任，以实现最大的经济、环境、社会效益？中国刚刚实行碳交易试点工作，限额与交易机制在中国尚属探索阶段，从理论上分析限额与交易机制在供应链减排中的运用，具有重要的先导意义。如何设计更有效的碳税机制，充分发挥税收的价格杠杆作用，又能有效控制碳排放，这些问题尚未在理论研究中得到答案。本书将在已有研究基础上，对上述问题展开深入研究。

2.8　本章小结

本章主要分析国内外研究文献，通过对低碳供应链运作文献、限额与交易文献、碳税文献、多级生产–库存优化运作文献进行梳理与综述，并对现有研究成果的贡献与不足进行评述，发现碳约束机制下供应链生产–库存控制问题具有重要研究价值，特别是限额与交易机制、碳税机制在学术研究上取得的成果，可以作为本书的参考依据，并为具体问题的展开提供理论基础与指导。然而，既存文献依然存在一定的不足，例如，对供应链碳排放因素进行分析刻画与数学度量的研究严重缺乏，关于库存系统减排问题、多种碳约束机制运用于多级生产–库存问题的研究更是明显不足，通过对文献进行评析得出本书研究的重要启示，进一步确定本书研究的理论意义与实践意义，为后文研究工作奠定坚实的基础。

第 3 章　碳约束机制与供应链生产－库存相关理论

3.1　低碳供应链管理

3.1.1　低碳供应链内涵

随着对气候变暖的重视和全民环保意识的增强，全社会都已经认识到高碳发展模式与环境资源承载能力之间的矛盾。一场新的科技革命与产业革命即将到来，人类也因此进入了以"低能耗、低污染、低排放"为指导的低碳发展时代，传统的物流行业在低碳发展理念引领下，也由此走向低碳发展道路。

传统意义上，人们对于物流的定义总是包括物流、资金流与信息流这三个方面。然而，一般意义上提供产品与服务的企业（除非专业的植树造林公司）在其经营存续过程中都会发生碳排放，也就是说，在物流、资金流、信息流之外还存在一个伴随物流活动而出现的碳流转移过程。物流、资金流、信息流、碳流的共同作用，赋予了传统供应链新的内涵，如图 3.1 所示。

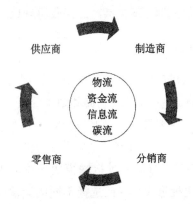

图 3.1　包含碳流的供应链关系图

结合相关文献，本书描述出低碳供应链的内涵：低碳供应链是考察传统物流背后碳流的供应链，碳排放控制目标将供应链各节点企业与政府、碳交易市场联系起来,从企业产品研发设计开始到采购原材料、在制品生产、最终产品完成、产品储存与配送、产品销售、产品报废以及回收再利用等各个环节的碳排放量均列入控制范围之内,以实现整个供应链系统低碳化运营。总之,低碳供应链是物流、资金流、信息流、碳流的融合与转移,通过碳约束机制实现资源消耗少、环境负担小的供应链网络。低碳供应链结构如图3.2所示。

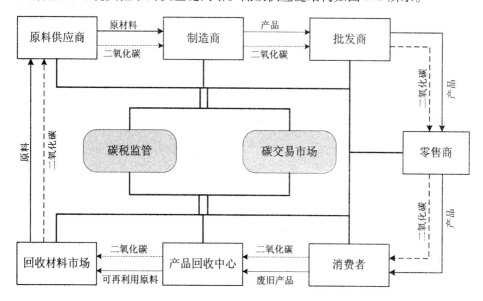

图3.2 低碳供应链框架

从图3.2可以看出,供应链各个环节在碳税与碳交易两种政策监管下运营,实质是构成了一个低碳的闭环供应链。本书的研究内容主要涉及原材料及产成品转移环节的碳排放问题,不包括产品回收再利用过程。

3.1.2 低碳供应链运作

低碳供应链运作涉及供应链每个节点成员的管理行为,从供应链组成内容上看,它包括采购、运输、生产加工、仓储和回收等诸多环节,所以,现存文献关于低碳供应链运作模式主要源于这几个方面。

① 改变运输模式,设计行驶路径,是低碳供应链运作一个最常用的减排方法。由于公路、铁路、空运、海运每种运输模式的排放水平不同,所以结合成员间运输距离远近、输送批量大小等而选择不同的运输模式组合,可以有效地降低供应链整体碳排放水平。比如,Palmer(2007)、Kim等(2009)、Cachon(2011)、Bektast(2011)、Pan等(2013)的研究。

② 发挥供应链集成优势,通过网络共享也能降低碳排放。供应链上下游成

员间共同使用某些设施，比如仓库、运输网络等，这样既能减少整个供应链结构布局中同类性能节点的设置，又可以发挥产业集聚效应，提高设施利用率，以此降低供应链碳排放水平。例如：Ballota 等（2010）的仓库共享减少 25% 的碳排放，以及 Harris（2011）等、Mallidis 等（2012）的研究。

③ 技术创新或环境投资是低碳供应链运作的另一个方式。碳处理技术以及生产技术改进无疑可以减少二氧化碳的排放数量，比如碳沉降技术、冲洗技术（Reilly 等，2002，Sundarakani 等，2010），碳捕获技术（Islegen 等，2011），碳封存技术（Benedetto 等，2009），这些有效的碳处理技术在供应链二氧化碳减排中同样适用。生产创新和技术升级能够实现相同目的，比如 Agrawal 等（2013）和 Dormer 等（2013）的研究，通过环境投资也能实现低碳化管理（Wang 等，2011）。这些减排方法都能起到减少碳排放的作用，但这些技术及创新会涉及到成本投入，需要在成本与收益之间比较。

④ 改进管理方式与理念，不需要资金投入，实现减排目标。Walmart 的碳标签管理，大幅降低供应链的碳排放总量，ZETA Communities 也提出零排放供应链管理理念（Plambeck，2012），改变订货策略也是降低排放的一种管理策略，见 Hua 等（2011），Song 等（2012）、Benjaafar 等（2013）、Chen 等（2013）的研究。

3.2　碳约束机制作用机理

3.2.1　限额与交易机制减排机理

限额与交易机制的实质是总量干预，通过控制分配的碳配额总量，实现减排目标。其减排作用机理源于限额与交易机制的经济学特性。

（1）产权理论与资源稀缺理论

在科斯的研究理论中，市场失灵最根本的原因是所有权失灵，产权界定不明就会引发资源主体的权利和义务模糊，最终导致市场失效。只有将产权界定清晰才能保证经济主体的权利与义务对等，将外部的不经济成本内部化。产权是对某项事物的所有权，以及与之相关的占有、使用、收益和处置的权利。环境资源属于一项公共财产，限额就是对每个企业设定最高排放上限，这是公共环境资源的一部分，赋予每个企业或经济体的免费碳排放额度，碳排放权的交易实质是一种使用权的转让，通过碳交易市场调剂各分配企业或经济体的碳排放权盈余，以达到控制排放总量的目的。由此可知，产权制度能够改变资源配置，克服外部不经济所带来的市场失灵问题。

资源稀缺是交易存在的前提，只有稀缺的资源才具备交换价值而成为交易商品，所以，碳排放权稀缺是碳交易产生的根本原因。随着社会发展，环境关切问题已经被大多数人所接受，人们发现环境资源也不再是用之不竭，各种污染物排放对环境资源的破坏力已经突显，环境容量资源的稀缺性，是碳排放权交易产生的直接经济原因。

（2）不存在碳交易的经济分析

当企业在分配的碳限额下生产时，不存在碳市场交易行为，企业的生产行为与社会福利变化如图3.3所示。

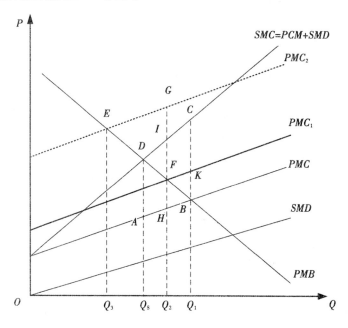

图3.3　没有碳交易时企业生产与社会福利分析

在图3.3中，横轴表示企业生产数量，纵轴表示产品价格，PMB 表示企业边际收益曲线，SMD 表示企业生产行为所造成的社会边际损害成本曲线，PMC 表示企业边际成本曲线，PMC_1 表示企业减排后的边际成本曲线，SMC 表示社会边际成本曲线。当企业不考虑碳排放因素时，由于边际收益曲线与边际成本曲线相交于 B 点，其最优生产数量是 Q_1。当企业在分配的碳限额下生产，但不存在碳市场交易时，由于企业减排任务使边际成本曲线上移至 PMC_1，与边际收益曲线相交于 F 点，所对应的最优产量为 Q_2，明显低于 Q_1。此时，企业由于生产数量减少而损失利润为区域 BFH，但整个社会却由于生产数量减少而少支出成本为区域 FBCI，减去企业边际成本增加部分 BFK 后，依然有正的社会福利剩余，实行碳减排后，企业生产数量减少但改进了社会总体福利水平。从碳排放目标看，这个最优产量却不一定是社会最优产量，如果考虑企业生产活动对社会的损害成本 SMD，企业的边际成本 PMC_1 依然低于社会边际成本 SMC，企业生产数量的减少并不能补偿其碳排放对社会造成的负面影响。依照社会边际成本曲线，企业生产数量为 Q_s，比 Q_2 还要低。也就是说，单个企业在碳约束下生产的数量确实能减少碳排放数量，但从整个社会来衡量却未必是最优的结论。

假设存在另外一种特殊情况，企业具有强烈的减排意识，减排努力加大而使边际成本曲线上移至 PMC_2，此时企业的产量为 Q_3，比社会所要求的最优产量还要低，企业碳排放目标超额完成，企业会出现剩余碳限额。由于不存在碳市场交易，剩余的碳限额无法出售而浪费，但此时过高的减排成本加重企业负担，远远超过社会福利水平，整体社会福利水平并未因企业超额减排努力而有所改进。所以，Q_3 依然不是最好的产量水平，只有当 Q_3 和 Q_2 都等于 Q_s 时，社会整体福利才能实现最优，因此，要通过碳交易改进企业碳排放限额约束。

（3）限额与交易的经济分析

当确定碳限额分配标准，并结合碳交易市场共同使用时，即形成了限额与交易机制。为更好地研究限额与交易所产生的影响，此处略去社会边际成本的影响，只用企业边际成本与边际收益衡量其作用机理，如图 3.4 所示。

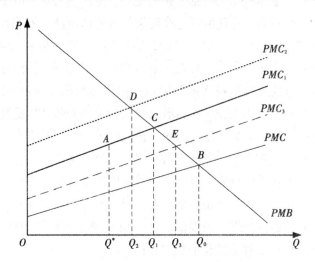

图 3.4　限额与交易下企业生产数量分析

在图 3.4 中 Q^* 表示企业最初分配的碳限额所对应的生产数量，Q_0 表示无碳约束时的生产数量，当存在碳限额市场交易时，企业的边际成本曲线会由于交易变化而上下移动，这里假设边际成本曲线移动幅度代表减排努力的大小，减排努力既包括企业内部技术上的努力，也包括与外部碳交易市场所发生的关系。PMC_1 为企业现有减排水平的边际成本曲线，与 PMB 的交点所对应的生产数量为 Q_1，大于产量 Q_*，所以，分配给企业的初始碳限额明显不足，需要通过外部碳交易市场购入碳限额的差额部分。由于购买行为使企业边际成本曲线上移至 PMC_2，其所对应的产量是介于 Q_* 与 Q_1 之间的 Q_2，这个产量高于初始碳限额所确定的产量 Q_*，使企业利润增加，又比企业现有减排水平下的产量略低，也就是说，碳交易行为使企业在兼顾社会责任的同时，最大限度地改变企业生产数量。

同样，存在另外一种特殊情景，假如企业初始分配碳限额较高，其所对应的最大生产数量为 Q_3，高于企业现在正常减排水平下的生产数量 Q_1。此时，企业可通过出售碳限额来减少生产数量，即出售 Q_3 与 Q_1 之间碳限额，这样使边际成本曲线再上移至 PMC_1，使产量达到最优。

3.2.2 碳税机制减排机理

碳税是二氧化碳税的简称，是通过价格干预减少二氧化碳排放总量的一种控排机制。碳税的减排机理与税收的经济学特性密不可分。

（1）外部性

外部性源于马歇尔提出的外部经济理论，在生产过程中，由于企业之间分工协作使部门效率提高，马歇尔将这种现象称为外部经济。福利经济学家庇古在马歇尔的外部经济基础上，用"边际私人纯产值"和"边际社会纯产值"两个概念研究单位投入在个人福利与社会福利之间产生的差异，提出正外部性和负外部性。正外部性是指经济投入或某项活动能增加其他人或社会的福利水平，比如建设一所城市公共图书馆，能够增强知识的普及与推广，提高社会文明程度；与之相对，损害个人或社会福利的经济投入或活动，具有负外部性，比如工厂生产所排放废气和废水，降低空气质量，污染上下游居民生活环境，危害人体健康活动，这就是典型的由生产活动对环境造成的负外部性。

碳减排问题是由于社会经济发展、人口增加对环境所带来负面影响，所以碳减排实质是一个经济问题，经济活动的一般原理在碳减排问题中同样有效，这也就是用外部性来解释碳减排的根本原因。

（2）庇古税

由古典经济理论可知，企业生产排放污染物并不构成生产成本，然而其他人或社会却要承受污染所带来的损失，社会治理污染所花费的成本可能远远高于生产企业所产生的收益，因此，庇古提出只能通过税收机制，将污染制造者与其污染行为联系起来，把社会治理污染的成本转移到产品价格中去。征税使私人成本增加，与社会成本相等，这时经济活动负外部性即消失。例如，一个企业的生产活动带有负外部性(假设由于二氧化碳排放造成)，其所带来的社会福利损失如图3.5所示，在庇古税的作用下，社会福利转为正值。

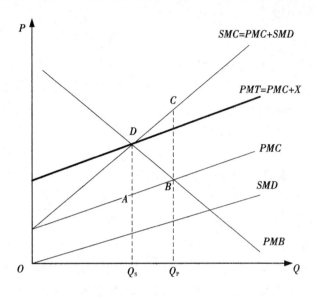

图3.5　庇古税的作用机理

在图3.5中，PMT表示征税后企业的边际成本曲线，X表示单位生产所征收的庇古税。当企业边际成本与边际收益相等，即$PMC = PMB$时，两条曲线交于B，所对应的企业收益最大产量为Q_p。当考虑企业排放对社会的负面损害，用SMD表示，这时企业生产活动所产生的社会边际成本为SMC，从社会整体出发，考虑环境影响时的企业产量为Q_s，其产量明显低于Q_p。比较两个产量的社会成本可以看到，生产Q_p单位时社会成本的增加区域为四边形$ABCD$，其中区域ABD是企业产量增加可获得的额外利润，相比之下，社会福利依然损失区域BCD。也就是说，在考虑排放的社会成本之后，企业产量增加的收益并不能弥补其对社会带来的损害。所以，对企业单位生产征收X单位排放税，此时企业的边际成本增加为PMT，使企业的最优产量Q_p等于社会最优产量Q_s，这时，区域ABD是企业由于产量减少而损失的收益，但社会福利却因此而少损失区域BCD，社会净福利水平为ABD与BCD的差额。由于边际损害成本曲线是单增函数，所以在某一特定产量下，区域BCD的面积更大，即由于庇古税的调整，社会整体福利水平由负转正。

(3)双重红利

Pearce(1991)在研究碳税调节全球气候变暖的作用时指出，征收碳税所得的财政收入应该用于减少现有其他税负的税率水平，这样既可以降低其他税负的社会福利成本，同时，通过税收转移可以零成本实现环境收益，这就是双重红利的基本内容。双重红利为通过环境税控制碳排放问题提供了理论依据，通过制定合理的碳税税率水平既可以增加政府财税收益，即所谓的"蓝色红利"，又可以有效治理污染，实现"绿色红利"。

随着研究的深入，学者们开始质疑双重红利的存在性，双重红利理论可能在特定的条件下才成立，如 Bovenberg 和 Mooij（1994）的研究，或者双重红利根本就不存在（Bovenberg，1994）。刘红梅等（2007）分析了国内外关于双重红利的文献时发现，双重红利的理论研究上依然存在正反两种对立结论，并未形成共识，但在多数研究碳税的文献中，依然认为双重红利效果存在。

（4）公地悲剧

1968 年，Hardin 用牧场经营的例子说明了这样一个事实：公共资源过度利用的结果都是毁灭性的。如果面对环境污染，依然像公用地一样，不加任何限制地继续排放污染物，有一天，我们的环境就像毁灭的牧场。

如同牧场承载力一样，环境也存在容量问题，也就是说，环境中污染物的负荷不能超过最大阈值，这是治理污染问题的出发点，比如2℃是当前生态系统所能承受的最高升温上限。生产活动使二氧化碳排放增加，如果向大气中排放没有任何成本，生产经营者从自身利益出发，必然不会考虑其经营活动所带来的环境影响。结果，环境容量到达它的承载极限，二氧化碳等温室气体的激增所产生的温室效应显现，直至公共环境污染的悲剧发生。

3.3 生产-库存控制理论

1958 年，Arrow 和 Karlin 出版了 *Studies in the Mathematical Theory of Inventory and Production* 一书，该书中提出了著名的 Arrow-Karlin 动态生产-库存模型，考虑线性的持有成本和非减凸性的生产成本，在确定需求下研究了单个厂商生产-库存水平控制问题，此书是研究厂商生产-库存问题的最早理论专著。Wagner 和 Whitin（1958）也研究了单厂商的生产-库存问题，但后者研究中生产成本设定为生产水平的凹函数。在 Wagner 的研究中，生产-库存控制问题最终归结为经济批量确定，这是库存控制中常用的方法，经济批量问题最早源于银行现金持有数量的确定，是 Harris（1915）所提出的确定型货币库存模型，经过 Wilson（1934）改进后，才形成经典的经济订货批量（EOQ）理论。从 20 世纪 50 年代至今，生产-库存理论一直是学术界研究的热点，从前面的学术趋势分析便可以看出，在管理学国际顶级刊物上，如 *Management Science*，

Operations Research，*European Journal of Operational Research* 等刊物的电子数据库中输入"production-inventory"，可以检索出大量文献。国内学者对这一问题也做了许多的研究工作，相关理论可以从三个方面进行概括。

3.3.1　确定环境下的生产－库存控制理论

确定环境是指需求相对稳定，可以看作一个常数。著名的 EOQ 理论就是在假设需求为一个常数的基础上得出的。放松经典理论的假设条件，可以得到多种影响因素下的生产－库存模型，但模型基础中仍有某一部分属于确定不变，本书将这类研究内容都归于确定环境下。

需求变化而生产率固定不变的生产－库存控制理论，研究的前提都假设厂商的生产率是确定的，在需求率中引入影响变化因素。Wee 等（1999）研究了允许缺货且考虑变质的生产－库存模型，需求随着时间变化，但生产率设定为确定的常数。Wee 和 Law（1999）研究了资金时间价值影响下生产－库存控制问题。腐败率也是影响需求变化的主要因素，比如 Wang（2011）和 Yu（2008）的研究内容中，厂商需求都受产品腐败率影响。需求受库存水平影响或者需求受价格影响，以及库存与价格共同影响需求，也是确定环境下生产－库存问题的一个常用假设。Padmanabhan（1995）假设需求率受瞬间库存水平影响而变化，Alfares（2007）设定产品的库存费用受存储时间长短的影响，Goyal（2009）假设需求率与现有库存水平成函数关系，叶飞等（2009）研究了需求受价格影响的双渠道订货问题，李根道等（2009）考察了库存与价格共同影响需求的库存管理与定价问题。需求率确定而生产水平变化的生产－库存控制理论。比如机械故障，产品质量问题返修等，如 Sana（2011）、Pal（2012）。

3.3.2　不确定环境下的生产－库存控制理论

当需求由确定型改变至随机发生时，确定型生产－库存控制理论演化为不确定或随机生产－库存控制理论。不确定问题主要包括多周期随机生产－库存控制理论、单周期随机生产－库存控制理论。修正（s，S）策略是多周期问题经常采用的一种控制策略。Chen 等（1996）研究了订货容量有限的多期生产－库存控制问题，修正了原有的最小点最大点订货策略；Hariga（2000）将装配时间引入随机系统，研究了带有可控装配时间的订货策略；Chan 等（2003）探讨了订购成本与订货容量都有限的随机生产－库存模型；Pan 等（2004）研究了提前期和延期供货折扣下库存控制模型。改进订货周期是多周期问题的另一种控制策略，例如 Eynan 等（2007）、Silver 等（2008）的研究。

不确定环境下单周期问题最基本的研究理论为 Newsboy 模型，在特定周期内，需求服从某一概率分布，已知买价与售价，以及期末剩余残值，确定使期望利润最大的订货数量。报童框架从提出至今在学术界产生了重大影响，它能够解决许多需求随机的短生命周期产品的订货问题。目前，报童模型已经被不断扩展，增加更多库存影响因素。比如 Song 等（2012）研究了限额与交易机制下生产问题，Choi（2013）研究了碳税机制下的订货问题。在这些研究中，报童模型已经被赋予更多的含义。

3.3.3 多层级多产品的生产–库存控制理论

多层级多产品的生产–库存控制理论主要是指多级生产–库存系统的协调理论，是近十多年来学术研究的重点。由于组织成员增加、产品数目增加，多层级或多产品的生产–库存控制变得更加复杂。此类问题也分成确定环境与不确定环境两种。

单个成员与单产品组成的多层级供应链生产–库存系统是目前多级问题研究中最多的一种形式，多个单成员可以有效地代表供应链的层级关系，用单个产品做以一般性研究，理论分析比较透彻，能得出指导性结论。分散决策与集中决策是这类多级系统经常采用的决策方法，Sana（2012）和 He 等（2012）对比了分散与集中两种决策的供应链绩效，结果表明，集中决策效果更好。

增加每个层级成员数量的供应链协调理论，多成员使供应链协调变得复杂，比如 Jaber 等（2008）、Pal 等（2012）的研究。如果在上述供应链结构之上，产品数量增加，这就成为多级生产–库存控制中最难的研究内容，现存的研究文献数量很少，通常都假设在确定的情景之下，从 Osman 等（2012）、Sajadieh 等（2013）、Pan 等（2013）和 Jonrinaldi 等（2013）的研究中，就可以看到多级生产–库存模型的复杂程度、求解过程的繁复，是未来多级生产–库存控制的新方向。

3.4 本章小结

本章主要对研究内容所涉及理论基础进行分析。首先，介绍低碳供应链，在低碳理念之下，隐藏在传统供应链背后的碳流成为供应链另一个管理要素。因此，在物流、资金流、信息流、碳流共同作用下的供应链赋有了新的内涵，两种碳约束机制即限额与交易机制、碳税机制，将供应链各节点企业与政府、市场相联系，构成了本书研究的基础。在现实管理中，常用的低碳运作方式主要有四个方面，逐一进行说明。其次，运用经济学基本原理对两种碳约束机制的减排作用机理进行分析。限额与交易机制主要源于产权理论与资源稀缺理论，而碳税能够发挥作用是源于税收的一般经济特性。最后，从确定环境、不确定环境、多层级多产品三个方面对生产 – 库存控制理论作以概括。对基本理论的分析与归纳，可以为进一步研究两种碳约束机制下的生产 – 库存控制问题提供理论依据。

第4章 供应链生产-库存系统碳排放因素度量与数学分析方法

基于第 2 章的相关研究文献综述以及第 3 章的理论基础,在进行本书深入研究之前,首先对供应链生产-库存系统中碳排放相关因素进行度量,确定多级供应链生产-库存碳排放核算边界,给出供应链系统碳排放计算方法,对碳约束机制进行数学分析与刻画,本章的分析内容可以为本书第 5 ~ 7 章的研究内容提供碳因素分析基础。

4.1 碳排放限额初始分配的度量

4.1.1 碳排放限额分配原则

限额与交易的基础是碳排放限额,也可称为碳配额。1990 年,美国国会在关于《清洁大气法修正方案》中提出三种碳排放配额初始分配方案:公开拍卖、固定价格出售和免费分配,后来在美国实践中最常采用的方法是第一种和第三种,其中政府免费分配是最主要配额来源。同样,世界上另一大排放交易市场——欧盟排放交易体系——就是以无偿分配为主,结合公开拍卖形式分配全部碳限额。其通过"国家分配计划"(NAP)确定各成员国内每个设备无偿分配的欧洲排放单位(EUAs)数量,在欧盟排放交易计划实行初期,无偿分配的碳排放配额至少占全部排放的 95%,在 2008—2012 年期间,无偿分配比率降至 90%左右,但仍然是企业碳排放总量的绝大部分来源。

碳排放配额免费分配主要依据两个分配标准:根据企业产量进行分配和根据企业的外生标准进行分配,包括"祖父制"和"基准制"。具体而言,祖父制是指依据企业历史排放量来进行初始碳限额分配,这一分配原则将企业现行排放与历史排放相关联,过去排放数量高的企业可以获得更高的碳排放配额。这种分配方式简单透明,不用考虑行业差异等具体问题。然而,高排放高配额的延续性可能阻碍企业主动减排的积极性。与之相对的基准制与行业结合,是根据排放企业的历史产量进行碳排放配额分配。例如,生产多少吨钢铁排放一吨二氧化碳，根据行业的平均水平或效率最高的企业设定行业碳排放标准，以此作为行业内所有同类型企业的执行规范。但由于企业之间技术水平、生产效率等内在因素存在差异，这种分配方式会直接导致某些效率低下的企业碳排放配额不足。

4.1.2　碳排放限额度量方法

减排企业所获得的最大排放限额就是企业运营过程中的碳排放上限(Emissions Cap)。它有两种表现形式：第一，使用绝对数量，明确企业获得的初始碳排放权的绝对数量，这是限额与交易机制的基础。通过碳排放限额分配，设定每个负有减排责任企业最大的排放总量。第二，使用相对数量，将碳排放总量与经济发展相关联，采用碳排放强度作为衡量标准。

$$碳排放强度 = \frac{国内经济活动所排放的二氧化碳总量}{国内生产总值(GDP)} \tag{4.1}$$

衡量碳排放强度，首先要计算一个国家或地区的二氧化碳排放总量，Kaya 恒等式是目前认可度很高的碳排放量计算公式，它是 1989 年日本 Yoichi Kaya 教授在 IPCC 会议上提出的。Kaya 恒等式包括经济、人口、能源等碳排放驱动因素，其形式如下：

$$E = \sum iE_i = \sum \frac{iN_i}{N} \times \frac{E_i}{N_i} \times \frac{N}{G} \times \frac{G}{U} \times U \tag{4.2}$$

其中，E 为碳排放总量；E_i 为第 i 种能源的碳排放量；N 为一次能源消费量；N_i 为第 i 种能源消费量；G 为国内生产总值；U 为人口。

式(4.2)中各项分解，N_i/N 表示第 i 种能源在一次能源消费中所占的份额，E_i/N_i 表示消费第 i 种能源的单位碳排放量，N/G 表示单位 GDP 的能源消耗，G/U 为人均经济产出。也就是说，简单的数学公式将能源结构、能源碳排放强度、能源效率、经济发展、人口因素与碳排放总量紧密地联结起来。在后来的研究中，学者们开始简化 Kaya 恒等式中碳排放的诸多影响因素。王金南等(2010)将碳排放数量与 GDP 联系在一起，得到某一国家或地区总的碳排放量：

$$E_t = GDP_t \times I_t = GDP \times (1 + \gamma)^t \times I_t \times (1 - \alpha) \tag{4.3}$$

其中，E_t 为第 t 年 CO_2 排放量；I_t 为第 t 年的碳排放强度；γ 为年经济增长速度；α 为强度控制目标。

依据上述简化方法，可以参考某一国家或地区的经济发展水平来计算该地二氧化碳排放总量，再结合相关环境政策，确定适当的碳排放限额初始分配数量。

4.2 供应链生产－库存系统碳排放边界与分类刻画

为了准确计量碳排放对传统供应链运营的影响，正确核算生产－库存系统碳排放数量、确定碳排放边界是重要前提。边界划分是确定供应链碳排放数量的计算范围与顺序，为了避免供应链生产－库存系统出现碳排放数量双重计算或计算遗漏，碳排放边界划分要以供应链中那些实际发生的碳排放为分配依据。楚龙娟等(2010)认为，确定碳排放边界的关键原则是"选择实质性排放"，也就是说计算产品在运输、制造、分配和回收等实际活动中发生的直接和间接碳排放。

4.2.1 单厂商生产－库存系统碳排放边界确定

在单厂商生产－库存系统中，所有的碳排放数量都是同一个厂商在经营活动中发生的，一旦厂商确定其活动范围，碳排放边界划分仅限企业内部，与作业流程相关。在本书的研究中，厂商对外订货所发生的运费一律由企业自付，这样与订货运输相关的排放也应该计入厂商碳排放总量中，这一部分排放的计算时间止于订购货物到达仓库。第二部分碳排放来自于仓储系统，包括原材料储备及产成品销售前持有活动所发生的排放，即包括与储备数量相关的可变碳排放，以及仓库自身运营所需的采暖、制冷、电力等固定碳排放。第三部分碳排放源于厂商的生产系统，这一部分排放在厂商碳排放总量中占据相当大的份额，这是由于企业生产与加工活动所耗费的大量能源、电力及生产过程自然排放的污染物等构成了厂商碳排放的主体，例如，钢铁、水泥、化工等这样的高排放行业，碳排放主要是由生产过程释放。所以，单厂商的生产－库存系统碳排放划分边界以厂商物理设施为依据，采购物品入库前后，以及生产制造系统来确定厂商碳排放核算范围。

4.2.2 多级供应链生产－库存系统碳排放边界确定

相对于单厂商生产－库存系统碳排放边界，多级供应链碳排放边界确定问题要略显复杂。本节以一个三级供应链为例，界定成员之间的碳排放核算边界，如图 4.1 所示。

在图 4.1 中，三级供应链由 m 个供应商、一个制造商、n 个零售商构成，实线表示物流转移过程，虚线表示伴随物流转移而发生的碳流运动，供应链上每个节点成员都有碳排放发生。根据供应链层级结构，将碳排放划分为三个阶段，以此确定三级系统碳排放边界。第一阶段：供应商阶段碳排放。与单厂商

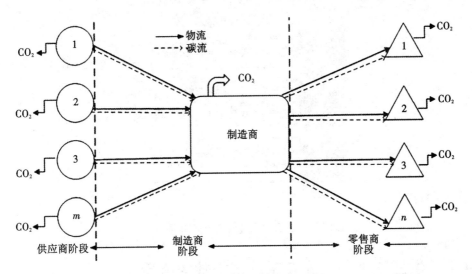

图 4.1　三级供应链碳排放边界图

问题一样，供应商订货所发生的运输费用自行承担，与之相关的碳排放也一并计入企业核算范围，计算与实际活动相关的碳排放量。所以，这一阶段的碳排放核算范围是自供应商向外部供应商订货起至下游制造商发出订单前这一时期的排放，包括供应商向外部订货的运输活动和订购物品入库后的储存活动。第二阶段：制造商阶段碳排放。自制造商向上游供应商发出原材料订单起至下游零售商发出订单前这一时期释放的二氧化碳，包括订货运输活动、原材料加工转化至产成品、原材料与产成品储存活动。第三阶段：零售商阶段的碳排放。包括零售商向上游制造商发出订单起到零售商将产品交付至下游顾客这一期间的碳排放，主要是运输与产品储存活动。

4.2.3　供应链生产－库存系统碳排放分类刻画

供应链碳排放边界确定以后，归类核算是碳排放计算的另一项工作。图 4.2 给出了本书设定的三个碳排放核算科目，即运输排放，核算供应链各成员订货过程中发生的碳排放；库存排放，主要针对原材料与产成品在库持有过程中发生的直接或间接碳排放；生产排放，是制造商在生产加工过程中发生的。

从图 4.2 可以看出，供应链三个阶段所包括的活动产生的碳排放均有其对应的核算科目。这样，不仅对于单厂商的生产－库存系统，而且对于复杂的多级系统来说，从原材料采购到产品生产加工，再到满足最终消费者的一系列活动所产生的全部碳排放，都可以得到完整的分布刻画。

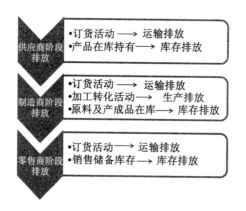

图 4.2 三级供应链碳排放核算类别图

4.3 供应链生产－库存系统碳排放的度量

在确定供应链生产－库存系统碳排放边界以后，接下来的工作就是核算生产－库存系统的碳排放数量，无论是单厂商问题，还是多级系统，成员都是在特定的分配碳限额下运营，其全部碳排放数量均来自内部活动。本节给出生产－库存系统碳排放计算的一般模型，作为后文的研究基础。

4.3.1 单厂商生产－库存系统碳排放度量

本节以一个生产型企业为例，给出厂商运营过程中碳排放数量的计算方法。

（1）运输碳排放核算

运输碳排放主要是在产品或原材料订货过程中发生，根据 Palmer（2008）的研究，车辆启动、空载时产生的排放可视为固定排放，而车辆载重、行驶距离等变化会影响可变排放浮动。如果不考虑车辆运输能力，参考 Hua 等（2011）、Benjaafar 等（2013）和 Chen 等（2013）的研究，将可变排放并入固定排放中计算，这样运输碳排放转化为与订货次数相关的计算问题，使用 EOQ 理论得出的厂商运输碳排放如下：

$$E_T = E_f \times \frac{D}{Q} \tag{4.4}$$

其中：E_T 为运输碳排放；E_f 为每次订货固定排放率；D 为周期内需求总量；Q 为每次订货数量。

（2）库存碳排放核算

库存持有原材料或产成品时会发生两部分碳排放；第一，与储存数量直接相关的可变排放；第二，维持仓库运营耗费资源的碳排放，可视为固定排放。库存的平均水平为 $Q/2$，使用 EOQ 订货模型得出存储过程产生的碳排放总量为：

$$E_W = E_h \times \frac{Q}{2} + \sum E_i \times M_i \qquad (4.5)$$

其中：E_W 为库存持有的碳排放数量；E_h 为持有单位产品的可变排放率；E_i 为第 i 种能源的碳排放率；M_i 为消费第 i 种能源的总量。

（3）生产碳排放核算

厂商生产过程的碳排放也包括两个部分，即与加工数量直接相关的碳排放，以及生产设施本身的固定碳排放。如果厂商生产数量为 Q，则生产活动碳排放计算如下：

$$E_M = E_P Q + \sum E_i \times M_i \qquad (4.6)$$

式中，E_M 代表生产碳排放；E_P 代表生产单位产品的碳排放率；其他符号含义与式（4.5）相同。

4.3.2　多级供应链生产 – 库存系统碳排放度量

本节以图 4.1 所描述的三级供应链为例，给出计算多级生产 – 库存系统碳排放数量的一般模型。

（1）运输碳排放核算

在多级生产 – 库存系统中，成员数量增多、层级结构增加使系统碳排放计算的复杂性增加。本节仍以 EOQ 模型为例，说明三级系统碳排放的计算方法。式（4.4）表示单个厂商订货运输时发生的碳排放，此公式同样适用于多级系统中的多个零售商，则三级系统零售商订货过程的碳排放计算如下：

$$E_{TR} = \sum_{r=1}^{n} E_{fr} \times \frac{D_r}{Q_r} \qquad (4.7)$$

其中：E_{TR} 为零售商阶段运输碳排放总量；E_{fr} 为第 r 个零售商每次订货的固定排放率；D_r 为第 r 个零售商的需求；Q_r 为第 r 个零售商每次订货数量。将每个零售商订货运输的碳排放数量加总，就得到整个零售商阶段的运输碳排放总量。

同理，制造商的运输碳排放如下：

$$E_{TM} = E_{fm} \times \frac{D_m}{Q_m} \qquad (4.8)$$

其中，E_{TM} 为制造商运输碳排放总量；E_{fm} 为制造商每次订货的固定碳排放率；D_m 为制造商需求；Q_m 为制造商每次订货的数量。

供应商的运输碳排放总量如下：

$$E_{TS} = \sum_{s=1}^{m} E_{fs} \times \frac{D_s}{Q_s} \qquad (4.9)$$

其中：E_{TS} 为供应商阶段运输碳排放总量；E_{fs} 为第 s 个供应商每次订货的固定排放率；D_s 为第 s 个供应商的需求；Q_s 为第 s 个供应商每次订货的数量。

供应链订货环节全部碳排放数量为：

$$E_T = E_{TR} + E_{TM} + E_{TS} \qquad (4.10)$$

即将全部成员订货排放加总。

（2）库存碳排放核算

多级系统库存碳排放核算方法仍以单厂商核算方法为基础，考虑固定设备排放，则多个零售商的库存碳排放如下：

$$E_{WR} = \sum_{r=1}^{n} \left(E_{hr} \times \frac{Q_r}{2} + \sum E_{ir} \times M_{ir} \right) \qquad (4.11)$$

其中：E_{WR} 为零售商阶段库存持有的碳排放数量；E_{hr} 为第 r 个零售商持有单位产品的可变排放率；E_{ir} 为第 r 个零售商第 i 种能源的碳排放率；M_{ir} 为第 r 个零售商消费第 i 种能源的总量。

制造商库存系统中既包括购入的原材料，也包括完工未售的产成品，库存持有碳排放数量按以下方法计算：

$$E_{WM} = E_{hm} \times \frac{Q_m}{2} + E_{hmm} \times \frac{Q_{mm}}{2} + \sum E_i \times M_i \qquad (4.12)$$

式中：E_{WM} 为制造商库存持有的碳排放总量；E_{hm} 为制造商持有单位产成品的排放率；Q_m 为制造商产品库存数量；E_{hmm} 为制造商持有单位原材料的排放率；Q_{mm} 为制造商原材料库存数量；其他含义同式(4.5)。

供应商库存系统碳排放数量计算方法：

$$E_{WS} = \sum_{s=1}^{m} \left(E_{hs} \times \frac{Q_s}{2} + \sum E_{is} \times M_{is} \right) \qquad (4.13)$$

其中：E_{WS} 为供应商阶段库存持有的碳排放数量；E_{hs} 为第 s 个供应商持有单位产品的可变排放率；E_{is} 为第 s 个供应商第 i 种能源的碳排放率；M_{is} 为第 s 个供应商消费第 i 种能源的总量。

通过上述三个计算公式，很容易计算出三级供应链库存持有活动所产生的碳排放总量：

$$E_W = E_{WR} + E_{WM} + E_{WS} \qquad (4.14)$$

（3）生产碳排放核算

三级供应链中生产碳排放主要来源于制造商，计算方法与式(4.6)相似，此处简化。这样，整个供应链的碳排放总量可以准确度量。

4.4　限额与交易机制的数学分析方法

4.4.1　限额与交易机制的基本原理

限额与交易机制是由政府分配初始限额，由企业完成市场交易，也称总量管制交易，其实质是通过碳交易市场平衡政府分配限额与企业实际排放数量的过程。按照特定的分配原则，企业能够获得政府初始分配的碳排放限额总量为 L，而企业实际排放数量与分配限额之间的差异以可交易碳限额 Y 体现，可交易碳限额是代表一个可以为正或为负的数值，当可交易碳限额 $Y > 0$ 时，表示厂商初始分配碳限额出现结余，这一部分剩余限额可以在碳交易市场上以特定价格出售，用以增加厂商收益；相反，若 $Y < 0$，表示厂商超标准排放，为履行政府排放政策，需要在碳交易市场上购买差额部分。基于限额与交易原理，可以得出单厂商可交易碳限额：

$$Y = L - E_T - E_W - E_M \tag{4.15}$$

也就是用初始分配碳限额减去运输、库存、生产过程碳排放数量后的余额，由于 Y 可能为正或为负，由此改变了传统供应链的生产与库存决策。

4.4.2　限额与交易机制的运用

对于多级供应链而言，当整个系统分散决策时，每个成员独立对外交易，各自可交易碳限额计算数量如下。

零售商可交易碳限额：

$$Y_r = L_r - E_{Tr} - E_{Wr} \tag{4.16}$$

式中，Y_r 为零售商 r 的可交易碳限额；L_r 为零售商 r 的初始碳限额；E_{Tr} 为零售商 r 订货时运输活动的碳排放总量；E_{Wr} 为零售商 r 库存持有活动产生的碳排放总量。

制造商可交易碳限额：

$$Y_M = L_M - E_{TM} - E_{WM} - E_M \tag{4.17}$$

其中：Y_M 为制造商可交易碳限额；L_M 为制造商的初始碳限额；E_{TM} 为制造商运输碳排放总量；E_{WM} 为制造商库存持有原材料与产成品的碳排放总量；E_M 为生产碳排放总量。

供应商可交易碳限额：

$$Y_s = L_s - E_{Ts} - E_{Ws} \tag{4.18}$$

其中：Y_s 为供应商 s 的可交易碳限额；L_s 为供应商 s 的初始碳限额；E_{Ts} 为供应商 s 订货时运输碳排放总量；E_{Ws} 为供应商 s 库存持有的碳排放总量。

当供应链集中决策时，供应链成员可以共享初始碳排放限额。如果某些成员出现碳限额数量不足的情况，首先选择在供应链内部调整差额，这样，多个成员作为整体对外出售或购买碳排放限额，此时，供应链可交易碳限额的表现形式为：

$$Y = \sum (Y_r + Y_M + Y_s) = \left(\sum_{s=1}^{m} L_s + L_M + \sum_{r=1}^{n} L_r\right) - (E_T + E_W + E_M)$$

(4.19)

供应链全部可交易碳限额等于各成员可交易碳限额之和，或初始分配限额总量与三种排放之差。

4.5 碳税机制的数学分析方法

4.5.1 计税基础与碳税税率

相比于限额与交易，碳税是控制碳排放的另一个国际方法，它通过价格变化来引导经济主体的决策行为。在实施碳税的国家中，根据化石燃料的含碳量征收碳税是一种常用的做法。比如，挪威和丹麦对煤、油、天然气征收碳税，这种做法类似于能源税，荷兰就将能源税与碳税合并，建立能源环境税。2004年1月，欧盟能源税指令生效，该指令针对工商业与公共部门所使用的燃料征收碳税，以天然气、煤、电等能源作为征税税基。另一种征收碳税的方法是以全部二氧化碳排放总量为税基，排放总量又可分为估算排放量与实际排放量，这主要是由于二氧化碳监测技术不同，对于大规模的经济体或国家来说，碳排放总量主要进行估算。本书考察多级供应链的碳排放量，排放边界清晰、核算范围有限，所以本书以实际二氧化碳排放量作为计税基础。

税率是征收碳税的重要问题，当前，虽然欧洲各国普遍采用统一税率形式，但税率水平也有很大差距，如表4.1所示。

表4.1　　　　　　　欧洲国家碳税税率（以 CO_2 计）　　　　　欧元/吨

国家	丹麦	芬兰	冰岛	爱尔兰	挪威	瑞典	英国
碳税税率约	15	约30~50	约13	约15	约10~40	约100	约5~20

根据环保部的研究课题，中国计划的碳税水平为20元/吨，到2020年调高至50元/吨，具体税率设定依然在商榷之中。

另一种税率形式是级差税率，这种税率形式多见于学术研究中，其能够体现地区或行业差异，也与减排主体行为相关，有利于激励经济主体自主减排。因此，在本书的研究中，采用统一碳税与级差碳税两种税率形式。

4.5.2 统一碳税

统一碳税的数学计量方法相对简单，即设置一个固定的税率形式，供应链各成员依据此税率计算缴纳的碳税即可。设定 π 为统一碳税水平，则考虑单厂商问题时，应缴纳的碳税总量为：

$$\Pi = \pi \times (E_T + E_W + E_M) \tag{4.20}$$

式中，Π 为单厂商应纳的碳税总量。

生产－库存系统产生的全部碳排放通过统一碳税转化为企业运营成本，由此改变原有决策变量。

在多级生产－库存系统中，供应链分散决策时，各成员的碳税计算方法与式(4.20)相同，供应链集中决策时，式(4.20)中后一项是指全部成员的运输、库存、生产碳排放总量。

4.5.3 级差碳税

级差碳税的本质可以体现行业差异、地区差异以及碳排放主体行为差异等。本书的级差碳税依据社会对于碳排放容忍度而设定，碳排放容忍度是 Zhao 等(2012)类比 HSE(1988)的风险容忍度思想而建立的，根据欧盟国家总体减排目标核定预期排放绝对量作为容忍范围。本书根据中国政府承诺的减排目标测算碳排放增长比率，作为碳排放容忍度标准。

在哥本哈根气候大会上，中国政府向国际社会明确承诺：2020 年单位 GDP CO_2 排放（即二氧化碳强度）比 2005 年下降40%~45%。2005 年，中国 GDP 总量为18.4 万亿元，二氧化碳排放总量为55.7 亿吨（数据来自世界资源研究所，WRI），2005 年中国 CO_2 强度为3.02 吨/万元，也就是说，到2020 年中国的二氧化碳强度约为1.66~1.81 吨/万元。近年来，中国经济始终保持高速增长，2008 年至2012 年，GDP 增长率分别为9.6%、9.2%、10.3%、9.2%、7.8%，2013—2020 年将 GDP 增速预期为8%。假设通胀水平为3%，单位 GDP 排放强度下降40%，这样根据式(4.3)可计算出2020 年中国 CO_2 排放总量为159.9 亿吨。设 φ 表示年排放增长速度，则有：

$$55.7 \times (1 + \varphi)^{15} = 159.9 \tag{4.21}$$

由此得出,为完成中国既定的碳排放承诺目标,在未来几年中国 CO_2 排放总量年平均增长率 φ 为7.3% 。为实现这一共同目标,要求企业排放增幅尽可能与平均增长率保持一致。书中引入另一个概念,用污染水平指数 θ(如 Ferretti, 2007)来衡量企业实际排放与政府分配标准之间的差异,即

$$污染水平指数\ \theta = \frac{企业实际排放数量}{初始分配碳限额} \tag{4.22}$$

污染水平指数可以确定出企业超标准排放程度,结合 CO_2 排放总量年增长率,确定碳排放容忍度 λ 等级如下:

$$\lambda = \begin{cases} \lambda_1, & 碳排放可接受 & \theta \leqslant 1 \\ \lambda_2, & 碳排放可容忍 & 1 < \theta \leqslant 1.073 \\ \lambda_3, & 碳排放不可容忍 & \theta > 1.073 \end{cases} \tag{4.23}$$

以污染水平指数为划分边界,λ_1 表示企业实际排放数量小于或等于初始分配碳限额数量,这一区间内的碳排放数量是可以接受的;λ_2 表示分配碳额度不足,但企业实际排放数量低于承诺目标允许的增长范围,是可容忍的;λ_3 表示碳排放增速超过许可比率7.3%,企业排放行为加重社会减排负担,是不可容忍的。这样,根据碳排放容忍度等级变化可以确定企业对应的级差碳税水平

$$\zeta = \begin{cases} \zeta_0, & & \lambda_1 \\ \left.\begin{array}{l} \zeta_0, & 限额部分 \\ \alpha\zeta_0, & 超限部分 \end{array}\right\} & \lambda_2 \\ \alpha\zeta_0, & & \lambda_3 \end{cases} \tag{4.24}$$

其中,ζ_0 为基准碳税;α 为征税调整系数,$\alpha = [(\theta - 1) \times 100]$,当 $\alpha = 1$ 时,即为统一碳税。

很明显通过级差碳税,将企业实际排放数量与税赋高低相联系,企业排放越少所对应的税率越低,有助于企业自主减少碳排放,克服统一税率存在的弊端。

4.6 本章小结

本章内容是对全书所涉及的碳排放因素进行度量与数学分析,是后面各章节中关于碳因素分析的基础。首先,描述了碳排放限额分配的相关理论,引出了碳排放强度概念,为级差碳税设置提供了基础;其次,明确了供应链生产-库存系统碳排放的核算边界与相应分类方法,通过边界确定与科目分类,可准确

核定生产 – 库存系统碳排放核算范围，避免了供应链碳排放的双重计算；再次，根据分类方法给出了生产 – 库存系统碳排放度量的一般数学模型，作为后文计量基础；最后，分析了两种减排约束机制在供应链系统中的运用，根据中国政府承诺的减排目标，按照碳排放强度计算碳排放容忍度等级，据此定义级差碳税，与统一碳税一起构成本书碳税两种基本形式。

第5章 限额与交易及碳税机制下单厂商生产–库存控制策略

碳排放因素改变了传统供应链的运营方式，在碳排放约束下，原本不受任何管制的工业气体排放，成为企业决策必须考虑的一项生产要素。碳约束机制对于企业的制约能力和实际执行效果与机制设计密切相关，在限额与交易机制下，碳排放权商品化成为市场交易对象，企业通过买入或卖出碳限额来调整碳排放总量，买卖差额是限额与交易机制的根本，政府放开"无形的手"，通过市场决策碳交易价格，赋予企业政策执行的灵活性。相比而言，碳税是一种更加简单的碳排放控制方法，政府明确计税基础与碳税税率以后，企业能够计算出所要缴纳的税额，政府通过改变税率高低实现监管强度，这实际上发挥了碳税的价格调节作用。

在当前的碳减排实践中，限额与交易机制实行的范围更广泛，而碳税仅在欧洲十几个国家推行，本章将两种碳约束机制融入一个研究背景，以单厂商为研究对象，对比两种碳减排约束机制对企业运营的影响。考虑厂商运输、储存、生产过程中的碳排放，建立限额与交易机制、碳税机制下厂商生产–库存成本模型，并通过模型分析得出有碳约束且成本最优的生产数量及原材料最大订货倍数，确定两种机制下厂商最优生产–库存策略，研究碳交易价格不同取值以及碳税税率高低变化时决策变量的变化趋势。

5.1 问题描述与假设条件

5.1.1 问题描述

本章以一个大型生产企业集团的生产–库存系统为研究对象，探讨限额与交易机制、碳税机制下厂商多种原材料订货数量及生产批量联合优化问题。系统结构如图5.1所示，假设该生产集团主要生产一种产品，产品需要 w 种原材料，每个供应商供应一种或多种原材料，集团按照原材料类型向供应商订货，每种原材料的订购量为其生产实际需求材料的 τ 倍（$\tau \geqslant 1$），库存系统采用

(Q, R) 策略，需求率和生产率已知且恒定，不允许缺货，不考虑提前期影响。生产集团采用两种碳排放控制方法，在限额与交易机制下，集团原材料购入、存储和生产过程产生的排放总量与政府分配额度相比，差额部分在碳交易市场卖出或买入，碳交易价格是外生变量，其价格受市场上可交易碳限额的供求影响而波动，不同的交易价格进一步影响厂商的成本。另外，集团也可以按照确定的统一税率对企业全部碳排放量计征碳税，得出另一种运营策略。据此，建立两种机制下厂商生产 – 库存成本模型，得出限额与交易机制、碳税机制下厂商最佳生产 – 库存联合策略，并通过数值实验考察碳交易价格波动、碳税税率变化时两种运营机制的改变。

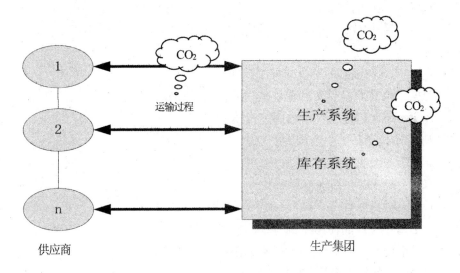

图 5.1　厂商生产 – 库存系统示意图

5.1.2　假设条件

本章的研究内容基于以下的假设条件：

① 排放限额由政府分配，设政府按照"祖父制"原则分配给厂商的碳排放总量为 L，碳交易价格随市场供求波动；

② 初始库存水平为 Q，单位消耗斜率恒定为 $(-D)$，不允许缺货；

③ 单位生产率为 P，恒定不变；

④ 持有成本、库存排放与存货数量均为线性关系，生产成本、生产排放与生产数量线性相关；

⑤ 厂商采用整车运输原料，不考虑车辆运输能力，且运输费用、运输排放与订货数量相关。

5.1.3 变量与符号定义

(1)决策变量

Q：产品的生产数量；

τ：原材料 w 的订购倍数，$\tau \geqslant 1$。

(2)碳限额与交易机制参数处理

L：政府分配给厂商的碳限额；

V：单位碳限额交易价格；

Y：卖出或买入的碳限额(正表示卖出，负表示买入)；

E_T：车辆运输排放；

E_w：库存排放；

E_M：生产排放；

E_h：持有产成品的单位碳排放；

$E_{h,w}$：持有原材料 w 的单位碳排放；

$E_{f,w}$：每次运输原料 w 的固定排放；

E_P：单位产品的生产排放；

π：统一碳税税率。

(3)生产－库存系统参数

w：原材料种类，$w = 1, 2, \cdots, m$；

r_w：每单位产品使用原材料 w 的比率；

D：市场对厂商最终产品的年需求量；

P：厂商的年生产量(年生产能力)；

S：厂商每次生产启动成本；

$C_{o,w}$：厂商订购一次原材料 w 的订货成本；

C_h：单位产品的库存持有成本；

$C_{h,w}$：单位原材料 w 的库存持有成本；

C_p：单位产品的生产成本。

5.2 碳约束机制下厂商生产－库存模型

5.2.1 生产－库存系统碳排放模型

根据第 4 章研究内容，在具体的研究背景之下，能够计算得到厂商生产－库存系统各种碳排放数量。

（1）运输排放

参照式(4.4)的一般方法，可将厂商订货过程固定运输排放与可变运输排放合并为固定排放率 $E_{f,w}$，订购 w 种原材料，每种材料订购数量为实际需求量的 τ 倍，可得出每个周期时间内订货过程的碳排放总量：

$$E_T = \sum_{w=1}^{m} \frac{E_{f,w}D}{\tau Q} \tag{5.1}$$

式(5.1)表示厂商运输排放是固定排放率与订货次数相乘的结果。

（2）库存排放

库存排放参考式(4.5)的计算方法，不考虑仓库固定排放，仓库产成品的平均库存水平为 $\frac{Q}{2}\left(1-\frac{D}{P}\right)$，单位产成品的排放率为 E_h；而原材料的平均库存水平为 $\sum_{w=1}^{m} r_w Q\left(\frac{D}{2P}+\tau-1\right)$，单位排放率为 $E_{h,w}$，则存储过程产生的碳排放总量为：

$$E_w = E_h \frac{Q}{2}\left(1-\frac{D}{P}\right) + \sum_{w=1}^{m} E_{h,w} r_w Q\left(\frac{D}{2P}+\tau-1\right) \tag{5.2}$$

式中，第一项为厂商产品持有的碳排放总量，第二项为原材料持有的碳排放总量。

（3）生产排放

生产排放参考式(4.6)的核算方法，书中只计算直接生产活动产生的碳排放，生产单位产品的排放率为 E_P，每个周期生产活动产生的碳排放总量为：

$$E_M = E_P Q \tag{5.3}$$

周期内生产数量与单位生产排放率的乘积为厂商生产排放总量。

（4）可交易碳限额

使用式(4.15)可以很容易得出厂商可交易碳限额数量：

$$Y = L - \sum_{w=1}^{m} \frac{E_{f,w}D}{\tau Q} - E_h \frac{Q}{2}\left(1-\frac{D}{P}\right) - \sum_{w=1}^{m} E_{h,w} r_w Q\left(\frac{D}{2P}+\tau-1\right) - E_P Q$$

$$\tag{5.4}$$

也就是厂商获得的初始碳限额总量减去运输、库存、生产环节的碳排放数量。其结果若为正，表示分配碳限额结余；若为负，表示初始分配限额不足，厂商必须在碳交易市场上购买差额部分。

5.2.2　限额与交易机制下厂商生产－库存成本模型

前述分析生产－库存系统碳排放模型时，已给出产成品和原材料的平均库存量,分别为 $\frac{Q}{2}\left(1-\frac{D}{P}\right)$ 和 $\sum\limits_{w=1}^{m}r_wQ\left(\frac{D}{2P}+\tau-1\right)$,单位产品的库存持有成本是 C_h,单位原材料 w 的库存持有成本为 $C_{h,w}$,由此可知库存持有总成本为:

$$C(Q,\tau)=C_h\frac{Q}{2}\left(1-\frac{D}{P}\right)+\sum_{w=1}^{m}C_{h,w}r_wQ\left(\frac{D}{2P}+\tau-1\right) \quad (5.5)$$

进而得出厂商总成本函数:

$$TC_0(Q,\tau)=\frac{SD}{Q}+\sum_{w=1}^{m}\frac{C_{o,w}D}{\tau Q}+C_h\frac{Q}{2}\left(1-\frac{D}{P}\right)+\sum_{w=1}^{m}C_{h,w}r_wQ\left(\frac{D}{2P}+\tau-1\right)+C_PQ$$

$$(5.6)$$

$TC_0(Q,\tau)$ 是无碳约束时厂商总成本,式中第一项是生产启动成本,第二项是原材料订货成本,第三项是产成品持有成本,第四项是原材料持有成本,第五项是生产成本。在引入碳排放限额与交易机制之后,厂商新的成本函数 $TC_1(Q,\tau)$ 表示如下:

$$TC_1(Q,\tau)=\frac{SD}{Q}+\sum_{w=1}^{m}\frac{C_{o,w}D}{\tau Q}+C_h\frac{Q}{2}\left(1-\frac{D}{P}\right)+$$

$$\sum_{w=1}^{m}C_{h,w}r_wQ\left(\frac{D}{2P}+\tau-1\right)+C_PQ-VY \quad (5.7)$$

$$\text{s.t.}\begin{cases}E_T+E_W+E_M+Y=L & (5.8)\\ \sum\limits_{w=1}^{m}r_w=1 & (5.9)\end{cases}$$

$S,C_{o,w},C_h,C_{h,w},r_w,V$ 均大于 0,$Y\in$ 任意整数。

式(5.8)是式(5.4)的变形,将式(5.4)代入式(5.7)中,可得出碳限额与交易机制下厂商生产－库存成本模型:

$$\min TC_1(Q,\tau)=\frac{SD}{Q}+\frac{(\sum\limits_{w=1}^{m}C_{o,w}+V\sum\limits_{w=1}^{m}E_{f,w})D}{\tau Q}+(C_h+VE_h)\frac{Q}{2}\left(1-\frac{D}{P}\right)+$$

$$\sum_{w=1}^{m}(C_{h,w}+VE_{h,w})r_wQ\left(\frac{D}{2P}+\tau-1\right)+(C_P+VE_P)Q-VL \quad (5.10)$$

当碳交易价格 $V=0$ 时,上述模型还原为式(5.6),即为经典的 EOQ 成本模型。

5.2.3 碳税机制下厂商生产－库存成本模型

在第 4 章的分析中,已经确定了本书碳税的计税基础是全部碳排放量,所以,在建立碳税机制下厂商生产－库存成本模型之前,首先要计算厂商运营的碳排放数量。根据前面的分析,可得出厂商生产－库存系统碳排放总量 E:

$$E = \sum_{w=1}^{m} \frac{E_{f,w}D}{\tau Q} + E_h \frac{Q}{2}\Big(1 - \frac{D}{P}\Big) + \sum_{w=1}^{m} E_{h,w} r_w Q\Big(\frac{D}{2P} + \tau - 1\Big) + E_P Q$$

$$(5.11)$$

式中各项依次为运输排放、产品持有排放、原材料持有排放、生产排放，当采用碳税机制以后，厂商的生产 – 库存成本模型为：

$$TC_2(Q, \tau) = \frac{SD}{Q} + \sum_{w=1}^{m} \frac{C_{o,w}D}{\tau Q} + C_h \frac{Q}{2}\Big(1 - \frac{D}{P}\Big)$$

$$+ \sum_{w=1}^{m} C_{h,w} r_w Q\Big(\frac{D}{2P} + \tau - 1\Big) + C_P Q + \pi E \qquad (5.12)$$

即在原 EOQ 模型基础上增加碳税成本，当碳税为 0 时，式（5.12）与式（5.6）相同。将式（5.11）代入式（5.12），整理得出碳税机制下厂商生产 – 库存成本模型：

$$\min TC_2(Q, \tau) = \frac{SD}{Q} + \sum_{w=1}^{m} \frac{(C_{o,w} + \pi E_{f,w})D}{\tau Q} + (C_h + \pi E_h)\frac{Q}{2}\Big(1 - \frac{D}{P}\Big)$$

$$+ \sum_{w=1}^{m} (C_{h,w} + \pi E_{h,w}) r_w Q\Big(\frac{D}{2P} + \tau - 1\Big) + (C_P + \pi E_P)Q$$

$$(5.13)$$

即在传统的生产 – 库存成本中，增加由碳税所产生的碳排放成本。

5.3　模型分析

5.3.1　限额与交易机制下生产 – 库存成本模型最优性分析

上一部分建立了限额与交易机制、碳税机制下厂商的生产 – 库存成本模型，下面用数学分析方法验证所建立的模型是否存在最优解。首先判断限额与交易机制下厂商成本模型的凹凸性，可通过模型的单调性来判定，计算式（5.10）的 Hessian 矩阵为：

$$\boldsymbol{H} = \begin{bmatrix} \dfrac{\partial^2 \min TC_1(Q, \tau)}{\partial Q^2} & \dfrac{\partial^2 \min TC_1(Q, \tau)}{\partial Q \partial \tau} \\[4mm] \dfrac{\partial^2 \min TC_1(Q, \tau)}{\partial \tau \partial Q} & \dfrac{\partial^2 \min TC_1(Q, \tau)}{\partial \tau^2} \end{bmatrix} \qquad (5.14)$$

矩阵中各项二阶偏导数分别为：

$$\frac{\partial^2 \min TC_1(Q, \tau)}{\partial Q^2} = \frac{2SD}{Q^3} + \frac{2D\Big(\sum\limits_{w=1}^{m} C_{o,w} + V\sum\limits_{w=1}^{m} E_{f,w}\Big)}{\tau Q^3} \qquad (5.15)$$

$$\frac{\partial^2 \min TC_1(Q,\tau)}{\partial \tau^2} = \frac{2D(\sum_{w=1}^{m} C_{o,w} + V\sum_{w=1}^{m} E_{f,w})}{\tau^3 Q} \quad (5.16)$$

$$\frac{\partial^2 \min TC_1(Q,\tau)}{\partial \tau \partial Q} = \frac{\partial^2 \min TC_1(Q,\tau)}{\partial Q \partial \tau}$$

$$= \frac{(\sum_{w=1}^{m} C_{o,w} + V\sum_{w=1}^{m} E_{f,w})D}{\tau^2 Q^2} + \sum_{w=1}^{m} r_w(C_{h,w} + VE_{h,w}) \quad (5.17)$$

设 $\Gamma = \left(\frac{\partial^2 \min TC_1(Q,\tau)}{\partial Q^2}\right) \times \left(\frac{\partial^2 \min TC_1(Q,\tau)}{\partial \tau^2}\right) - \left(\frac{\partial^2 \min TC_1(Q,\tau)}{\partial \tau \partial Q}\right)^2$ ，则有

$$\Gamma = \left(\frac{2SD}{Q^3} + \frac{2D(\sum_{w=1}^{m} C_{o,w} + V\sum_{w=1}^{m} E_{f,w})}{\tau Q^3}\right) \times \frac{2D(\sum_{w=1}^{m} C_{o,w} + V\sum_{w=1}^{m} E_{f,w})}{\tau^3 Q} -$$

$$\left(\frac{(\sum_{w=1}^{m} C_{o,w} + V\sum_{w=1}^{m} E_{f,w})D}{\tau^2 Q^2} + \sum_{w=1}^{m} r_w(C_{h,w} + VE_{h,w})\right)^2$$

$$= \frac{4SD^2(\sum_{w=1}^{m} C_{o,w} + V\sum_{w=1}^{m} E_{f,w})}{\tau^3 Q^4} + \frac{3D^2(\sum_{w=1}^{m} C_{o,w} + V\sum_{w=1}^{m} E_{f,w})^2}{\tau^4 Q^4} -$$

$$2\frac{(\sum_{w=1}^{m} C_{o,w} + V\sum_{w=1}^{m} E_{f,w})D}{\tau^2 Q^2}\sum_{w=1}^{m} r_w(C_{h,w} + VE_{h,w}) - \left(\sum_{w=1}^{m} r_w(C_{h,w} + VE_{h,w})\right)^2$$

$$= \left[4\tau SD^2(\sum_{w=1}^{m} C_{o,w} + V\sum_{w=1}^{m} E_{f,w}) + 3D^2(\sum_{w=1}^{m} C_{o,w} + V\sum_{w=1}^{m} E_{f,w})^2 - 2D\tau^2 Q^2(\sum_{w=1}^{m} C_{o,w} + V\sum_{w=1}^{m} E_{f,w})\sum_{w=1}^{m} r_w(C_{h,w} + VE_{h,w}) - \tau^4 Q^4\left(\sum_{w=1}^{m} r_w(C_{h,w} + VE_{h,w})\right)^2\right] \div \tau^4 Q^4 \quad (5.18)$$

令 $Q^2 = \mu$ ，将分子转化为 μ 的二次函数 $\Theta(\mu)$ ，考察分子符号，则有：

$$\Theta(\mu) = -\tau^4 \mu^2 \left(\sum_{w=1}^{m} r_w(C_{h,w} + VE_{h,w})\right)^2 - 2D\tau^2 \mu(\sum_{w=1}^{m} C_{o,w} + V\sum_{w=1}^{m} E_{f,w}) \cdot$$

$$\sum_{w=1}^{m} r_w(C_{h,w} + VE_{h,w}) + (4\tau S + 3)D^2(\sum_{w=1}^{m} C_{o,w} + V\sum_{w=1}^{m} E_{f,w})$$

$$(5.19)$$

判别式如下：

$$\Delta = 4D^2\tau^4\left(\sum_{w=1}^{m}C_{o,w} + V\sum_{w=1}^{m}E_{f,w}\right)\left(\sum_{w=1}^{m}r_w(C_{h,w} + VE_{h,w})\right)^2\left(\left(\sum_{w=1}^{m}C_{o,w} + V\sum_{w=1}^{m}E_{f,w}\right) + (4\tau S + 3)\right) > 0$$，函数存在两个实根，得出：

$$
\begin{cases}
\mu_1 = -\left[D\sum_{w=1}^{m}r_w(C_{h,w} + VE_{h,w})\left(\left(\sum_{w=1}^{m}C_{o,w} + V\sum_{w=1}^{m}E_{f,w}\right) + \right.\right. \\
\left.\left. \sqrt{\left(\sum_{w=1}^{m}C_{o,w} + V\sum_{w=1}^{m}E_{f,w}\right)\left(\left(\sum_{w=1}^{m}C_{o,w} + V\sum_{w=1}^{m}E_{f,w}\right) + (4\tau S + 3)\right)}\right)\right] \div \tau^2 \\
\\
\mu_2 = -\left[D\sum_{w=1}^{m}r_w(C_{h,w} + VE_{h,w})\left(\left(\sum_{w=1}^{m}C_{o,w} + V\sum_{w=1}^{m}E_{f,w}\right) - \right.\right. \\
\left.\left. \sqrt{\left(\sum_{w=1}^{m}C_{o,w} + V\sum_{w=1}^{m}E_{f,w}\right)\left(\left(\sum_{w=1}^{m}C_{o,w} + V\sum_{w=1}^{m}E_{f,w}\right) + (4\tau S + 3)\right)}\right)\right] \div \tau^2
\end{cases}
$$

其中，$\mu_1 < 0$（舍去）。对于 $\forall \tau > 0$，$\mu_2 > 0$ 恒成立，所以，$\exists Q > 0$ 使式 (5.19) 大于零，可以得出此时 $\Gamma > 0$，由此判定 $\boldsymbol{H}$ 矩阵是正定矩阵，进一步得出：限额与交易机制下厂商生产 – 库存成本模型为严格凸函数，存在最优的 (Q^*, τ^*) 点使总成本最低。

明确生产 – 库存成本模型的单调性以后，可进一步得出厂商最优生产数量与最优订货倍数。再令式 (5.10) 的一阶偏导数 $\partial \min TC_1(Q, \tau)/\partial Q = 0$ 和 $\partial \min TC_1(Q, \tau)/\partial \tau = 0$，建立两个一阶偏导数的联立方程组，即

$$
\begin{cases}
-\dfrac{SD}{Q^2} - \dfrac{\left(\sum_{w=1}^{m}C_{o,w} + V\sum_{w=1}^{m}E_{f,w}\right)D}{\tau Q^2} + (C_h + VE_h)\dfrac{1}{2}\left(1 - \dfrac{D}{P}\right) + \\
\sum_{w=1}^{m}(C_{h,w} + VE_{h,w})r_w\left(\dfrac{D}{2P} + \tau - 1\right) + (C_P + VE_P) = 0 \qquad (5.20) \\
\\
-\dfrac{\left(\sum_{w=1}^{m}C_{o,w} + V\sum_{w=1}^{m}E_{f,w}\right)D}{\tau^2 Q} + \sum_{w=1}^{m}(C_{h,w} + VE_{h,w})r_w Q = 0
\end{cases}
$$

解得方程组最终解如下：

$$\tau_1^* = \sqrt{\frac{\left(\sum_{w=1}^{m} C_{o,w} + V \sum_{w=1}^{m} E_{f,w}\right)\left[(C_h + VE_h)\frac{1}{2}\left(1 - \frac{D}{P}\right) + \sum_{w=1}^{m}(C_{h,w} + VE_{h,w})r_w\left(\frac{D}{2P} - 1\right) + (C_P + VE_P)\right]}{\sum_{w=1}^{m}(C_{h,w} + VE_{h,w})r_w S}}$$

(5.21)

$$Q_1^* = \sqrt{\frac{\left(\sum_{w=1}^{m} C_{o,w} + V \sum_{w=1}^{m} E_{f,w}\right)D + \tau_1^* SD}{\tau_1^*\left[(C_h + VE_h)\frac{1}{2}\left(1 - \frac{D}{P}\right) + \sum_{w=1}^{m}(C_{h,w} + VE_{h,w})r_w\left(\frac{D}{2P} + \tau_1^* - 1\right) + (C_P + VE_P)\right]}}$$

(5.22)

限额与交易机制下厂商成本函数 $\min TC_1(Q, \tau)$ 是关于 (Q, τ) 的凸函数，存在最优生产量 Q_1^* 和最大订货倍数 τ_1^* 使得厂商总成本最低。

5.3.2 碳税机制下生产－库存成本模型最优性分析

对比两种约束机制下厂商生产－库存成本模型，从表现形式来看，两个成本函数的基本形式相同，使用限额与交易机制下成本－库存模型凸性分析方法，可以判定出式(5.13)同样也是关于两个决策变量 (Q, τ) 的凸函数，通过如下方程组

$$\begin{cases} \dfrac{\partial \min TC_2(Q, \tau)}{\partial Q} = 0 \\ \dfrac{\partial \min TC_2(Q, \tau)}{\partial \tau} = 0 \end{cases}$$

(5.23)

得出碳税机制下厂商生产－库存两个决策变量：

$$\tau_2^* = \sqrt{\frac{\left(\sum_{w=1}^{m} C_{o,w} + \pi \sum_{w=1}^{m} E_{f,w}\right)\left[(C_h + \pi E_h)\frac{1}{2}\left(1 - \frac{D}{P}\right) + \sum_{w=1}^{m}(C_{h,w} + \pi E_{h,w})r_w\left(\frac{D}{2P} - 1\right) + (C_P + \pi E_P)\right]}{\sum_{w=1}^{m}(C_{h,w} + \pi E_{h,w})r_w S}}$$

(5.24)

$$Q_2^* = \sqrt{\frac{\left(\sum_{w=1}^{m} C_{o,w} + \pi \sum_{w=1}^{m} E_{f,w}\right)D + \tau_2^* SD}{\tau_2^*\left[(C_h + \pi E_h)\frac{1}{2}\left(1 - \frac{D}{P}\right) + \sum_{w=1}^{m}(C_{h,w} + \pi E_{h,w})r_w\left(\frac{D}{2P} + \tau_2^* - 1\right) + (C_P + \pi E_P)\right]}}$$

(5.25)

从计算结果可以看出，碳税机制下厂商的生产数量和订货数量的函数表

达,同限额与交易机制下的计算结果基本相同。

5.3.3　碳限额、交易价格及碳税变化对厂商决策的影响

前面的分析结果表明,在特定条件下模型存在最优的生产量与订货倍数,使厂商总成本最小。当政府分配的碳限额、碳交易价格、碳税水平等外在因素发生变化时,厂商的成本与决策必然受到影响。下面通过命题进一步讨论这些碳因素变化时,厂商的订货、生产策略及总成本的变化趋势。

命题 1:厂商排放总量 $(E_T + E_W + E_M)$ 与分配碳限额 L 之间存在以下关系:

① 若 $L > (E_T + E_W + E_M)$,则厂商可以出售碳限额,为 $L - (E_T + E_W + E_M)$,即可交易碳限额 Y 为正值;② 若 $L < (E_T + E_W + E_M)$,则厂商需要购买碳限额,为 $(E_T + E_W + E_M) - L$,即可交易碳限额 Y 为负值;③ 若 $L = (E_T + E_W + E_M)$,则厂商不进行碳交易,即可交易碳限额 $Y = 0$。

证明:通过式(5.4)可以很容易得出上述三种关系。

命题 2:当碳交易价格 $V = 0$ 时,碳限额与交易机制下厂商最优生产量与无碳约束时相等;当碳交易价格 $V = +\infty$ 时,碳排放是影响厂商决策的关键因素。碳税机制对于厂商决策的影响与碳交易价格影响类似。

证明:

当 $V = 0$ 时,此时厂商生产数量

$$Q_0 = \sqrt{\frac{\sum_{w=1}^{m} C_{0,w} D + \tau^0 SD}{\tau^0 \left[\frac{C_h}{2} \left(1 - \frac{D}{P} \right) + \sum_{w=1}^{m} C_{h,w} r_w \left(\frac{D}{2P} + \tau^0 - 1 \right) + C_P \right]}}$$

当 $V = +\infty$ 时,厂商生产数量

$$Q^0 = \sqrt{\frac{\sum_{w=1}^{m} E_{f,w} D}{\tau_0 \left[\frac{E_h}{2} \left(1 - \frac{D}{P} \right) + \sum_{w=1}^{m} E_{h,w} r_w \left(\frac{D}{2P} + \tau_0 - 1 \right) + E_P \right]}}$$

两个生产数量,很明显 Q_0 与碳排放无关,Q^0 由碳排放变量决定。这说明,当 $V = 0$ 时,碳排放管制政策对厂商没有约束力,厂商从成本角度出发,选择 Q_0 为最优产量;而当 $V = +\infty$ 时,碳排放成为影响生产数量的关键因素,厂商要通过排放量来决策生产数量 Q^0。

若不考虑分配限额,或者视 $L = 0$,只考虑碳交易价格变动,此时式(5.10)与式(5.13)相同,碳税税率高低可以认为是碳交易价格变动,其对厂商订货数量的影响可通过碳交易价格变动得出。

命题 3：政府分配的碳限额 L 不影响厂商订货倍数 τ 及生产数量 Q，进而不影响厂商的碳排放总量，但会影响厂商可交易碳限额及总成本。当碳交易价格 $V = 0$ 时，L 变化不影响厂商总成本 TC；当碳交易价格等于某一定值时，碳限额 L 增加，总成本 TC 下降。

证明：通过偏导方程得出的最优订货倍数 τ^* 和最优生产数量 Q^* 都是与 L 无关的函数，即 $\mathrm{d}\tau^*/\mathrm{d}L = 0$ 和 $\mathrm{d}Q^*/\mathrm{d}L = 0$，碳限额 L 变化，不能对 τ^* 和 Q^* 产生影响。

由式 (5.10) 得出 $\mathrm{d}\min TC_1(Q, \tau)/\mathrm{d}L = -V$ 可知，碳限额与总成本成相反变化趋势。当 $V \neq 0$ 时，厂商总成本会随着碳限额 L 增加而减少；当 $V = 0$ 时，即 $\mathrm{d}\min TC_1(Q, \tau)/\mathrm{d}L = 0$，此时 L 变化不再于厂商总成本 TC 产生影响。

命题 4：可交易碳限额 Y 随着生产数量 Q 增加而增加，达到最小排放产量以后，Y 随着 Q 增加而减少；可交易碳限额 Y 对厂商总成本 TC 影响趋势与之相反，在排放最低的产量左侧，厂商可交易碳限额数量增加，TC 逐渐减少，当 Y 减少时，TC 也随之增加。

证明：从式 (5.4) 可知可交易碳限额 Y 与生产数量 Q 的关系，通过导数关系变化可以得出以下二者变化趋势。

其一阶导数为：$\dfrac{\mathrm{d}Y}{\mathrm{d}Q} = \sum\limits_{w=1}^{m} \dfrac{E_{f,w} D}{\tau Q^2} - \dfrac{E_h}{2}\left(1 - \dfrac{D}{P}\right) - \sum\limits_{w=1}^{m} E_{h,w} r_w \left(\dfrac{D}{2P} + \tau - 1\right) + E_P$，

二阶导数：$\dfrac{\mathrm{d}^2 Y}{\mathrm{d}Q^2} = -\sum\limits_{w=1}^{m} \dfrac{2E_{f,w} D}{\tau Q^3} < 0$，对于 $\forall Q$，$Q \in (0, +\infty)$，Y 均连续，所以可交易碳限额在此区间内为凸函数。

由 $\mathrm{d}Y/\mathrm{d}Q = 0$ 得出生产量

$$Q = \sqrt{\dfrac{\sum\limits_{w=1}^{m} E_{f,w} D}{\tau\left[\dfrac{E_h}{2}\left(1 - \dfrac{D}{P}\right) + \sum\limits_{w=1}^{m} E_{h,w} r_w \left(\dfrac{D}{2P} + \tau - 1\right) + E_P\right]}}$$ ，

此时碳排放最低，可交易碳限额取得最大值，在 $(0, Q)$ 上，Y 随着 Q 的增加而增加，在 $(Q, +\infty)$ 之间，Q 继续增加，Y 逐渐减少。

可交易碳限额增加时，厂商可以出售的碳限额不断增加，所以厂商总成本随之减少；当生产量使碳排放达到最低时，厂商可交易碳限额数量达到最大值；当生产量继续增加时，排放总量也不断增加，可用于出售的碳限额开始减少，总成本开始增加；当生产量超过某一定值（设为 Φ）以后，厂商必须购买碳限额以满足生产需要。其中

$$\Phi = \frac{L\tau + \sqrt{(L\tau)^2 - 4\sum\limits_{w=1}^{m} E_{f,w} D\tau \left[\frac{E_h}{2}\left(1 - \frac{D}{P}\right) + \sum\limits_{w=1}^{m} E_{h,w} r_w \left(\frac{D}{2P} + \tau - 1\right) + E_P \right]}}{2\tau \left[\frac{E_h}{2}\left(1 - \frac{D}{P}\right) + \sum\limits_{w=1}^{m} E_{h,w} r_w \left(\frac{D}{P} + \tau - 1\right) + E_P \right]}$$

5.4　计算实验与敏感性分析

5.4.1　计算实验

下面以广州润发塑胶有限公司为例，验证两种碳约束机制对于提升厂商最优生产－库存控制策略的效果。润发公司主要生产混炼胶制品，需要 3 种原料，原材料相关数据如表 5.1 所示。产品的市场需求量为 70000 件/年，企业的产能为 80000 件/年，产成品持有成本为 25 元/件，生产成本为 30 元/件，启动成本 S 为 2500 元/次，产成品库存持有排放率为 2 千克/件，生产排放率为 3.5 千克/件，分配给润发公司的碳限额 L 为 20000 吨。

表 5.1　　　　　　　　　　　　原材料相关输入参数

w	r_w	$C_{o,w}$	$C_{h,w}$	$E_{h,w}$	$E_{f,w}$
1	0.5	300	16	0.5	600
2	0.3	500	8	0.8	500
3	0.2	200	10	1	450

在过去的 2013 年，碳交易价格起伏不定，欧盟碳排放交易陷入僵局，碳交易价格从 2008 年的 40 美元/吨暴跌至 3.6 美元/吨，参考价值相对较弱。所以，本书参考国内碳交易价格，以深圳碳排放权交易所的市场价格作为研究依据。2013 年 10 月，深圳碳交所每吨二氧化碳成交价格为 140 元，11 月份成交价降至 80 元/吨，选取近似值为交易价格，即以 $P = 100$ 元/吨作为本书的计算标准。

当前，中国碳税的税率水平仍然在政策讨论之中，环保部曾建议初期碳税水平为 20 元/吨，到 2020 年调高至 50 元/吨，具体税率仍待进一步确定。Wang（2011）在研究碳税对中国经济的影响时，使用高、中、低三种税率结构，本书参考其研究内容，分别设定统一碳税为 $\pi = 10$，$\pi = 50$ 和 $\pi = 100$ 元，而以 $\pi = 50$ 元 作为基准税率。

依据上面的参数设置，以及确定的交易价格与碳税税率，分别计算两种碳减排约束机制下厂商的决策结果。当采用限额与交易机制时，厂商原材料订货倍数是 16.6，最优生产量为 708 件/次，总成本为 359773 元，而在无碳约束的情形下，厂商的决策结果大大降低，原材料订货倍数是 1.0，最优生产量为 2604 件，总成本为 117666 元。两种情景相比，在没有碳排放约束时，厂商对全年产量按照 31 个批次进行生产，订购原材料 31 次；而考虑排放限额与交易时，则完成全部产量要生产 113 个小批次，只需要订购 7 次原材料。

同理，采用碳税机制，在基本税率之下，厂商原材料最大订货倍数为 11.5，最优生产数量为 966 件/次，此时厂商全年生产分为 83 次进行，总成本为 875509 元。很明显，碳排放约束改变了传统运作结果，无论采用何种碳约束机制，厂商都不再采用原有的无碳约束时的批量对批量的生产与采购政策，而是要权衡订货与库存之间碳排放总量的影响，但在碳税机制下，厂商生产 - 库存成本水平更高。

5.4.2 碳限额、交易价格及碳税敏感性分析

本章的碳因素包括初始碳限额、碳交易价格、碳税税率三个方面，每一个外在因素变化时，厂商的决策结果必然随之改变，本节将从以下几个方面分别进行分析。

（1）确定初始碳限额，考虑碳交易价格变动的影响趋势

当厂商的初始碳限额保持不变，碳交易价格每吨由 0 元增加至 120 元，此时厂商的原材料订购倍数及生产数量的变化如图 5.2 所示。

图 5.2 表明，给定碳限额 20000 吨不变，订货倍数随着碳交易价格的增加而增加，当 $V = 0$ 元时，厂商只订购每个生产批次所需材料，即 1 倍；而当交易价格 $V = 100$ 元时，订货倍数达到 16.6。碳价格越高，厂商越倾向于增加订货量，而减少运输排放，但会增加库存持有成本，这一结论与上述计算实验的结果相一致，订货排放与库存排放成为影响决策者的关键因素。生产数量则与碳价格反向变动，当 $V = 0$ 元时，生产量为 2604 件；而当 $V = 100$ 元时，生产量减至 708 件。即交易价格越高，生产批量越小，这个趋势分析也与前面的计算结果相似，此时生产 - 库存成本变化如图 5.3 所示。

图 5.3 将分配限额与价格变化相结合，说明碳交易价格变化对厂商生产 - 库存总成本的影响。从总体上看，分配碳限额增加时，厂商总成本下降，交易价格越高，对成本影响越显著。比如 $V = 120$ 元时，当分配碳限额 25000 吨，生产 - 库存总成本已出现负值，这表示企业碳限额出现剩余，出售碳排放限额的收益已能够弥补厂商运行成本；而当 $V = 60$ 元时，碳限额要增至 30000 吨，才能出现收益。

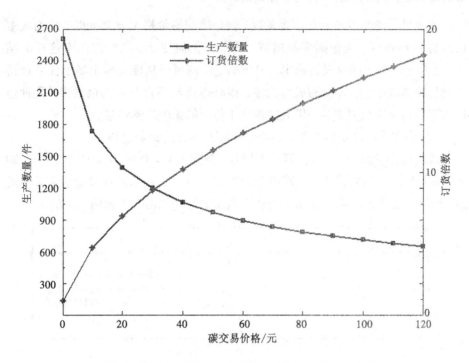

图5.2　碳交易价格变化对生产数量和订货倍数的影响

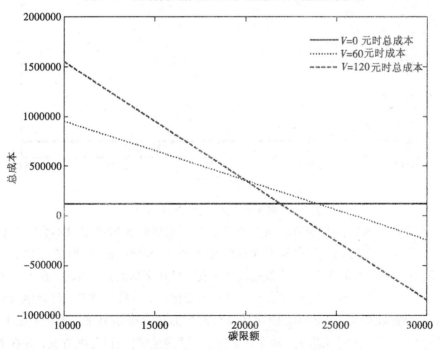

图5.3　不同碳价格之下总成本变化趋势图

图中另一条曲线的变化不容忽视，就是碳交易价格 $V = 0$ 元时，厂商成本始终是 117666 元，无论碳限额增减，成本无任何变化。之所以产生这样的结果，主要是由于当碳交易价格 $V = 0$ 元时，厂商可以从碳交易市场上任意取得不足的碳排放限额，即交易成本为零，碳减排机制不再具有约束效果，此种情形下限额与交易机制失效，供应链相当于传统的无碳运营情景。

（2）确定碳交易价格，考虑初始分配限额变化的影响趋势。

确定碳交易价格高、中、低三个情景，分别为 $V = 0$ 元、$V = 60$ 元、$V = 120$ 元，在每种碳交易价格之下，碳限额由低到高变动，表示碳排放监管程度，此时，碳限额变动对厂商订货倍数与生产数量的影响如图 5.4 和图 5.5 所示。

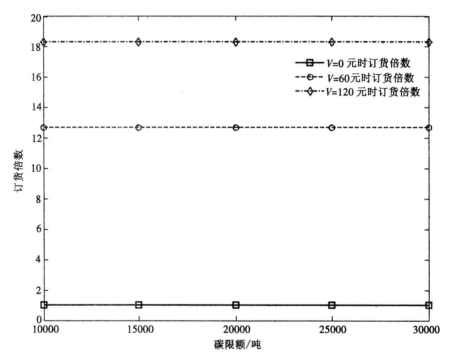

图 5.4　碳限额变化对订货倍数的影响

由图 5.4 和图 5.5 可知，碳限额变动对订货倍数及生产数量不会产生影响，如 $V = 120$ 元时，碳限额从 10000 吨增加到 30000 吨，厂商的订货倍数 18.3、生产数量 650 件/次一直没有发生变化。只有交易价格改变时，在 $V = 60$ 元或 $V = 0$ 元时，两个决策变量才开始发生变化，交易价格越低，订货倍数越少，生产数量越多。这说明，碳交易价格对厂商运营影响显著。通常情况下，碳限额分配受国家政策影响，单个企业或组织只能接受现行分配方案，并在既定碳限额下经营。但交易价格是市场产物，直接影响厂商出售收益或购买成

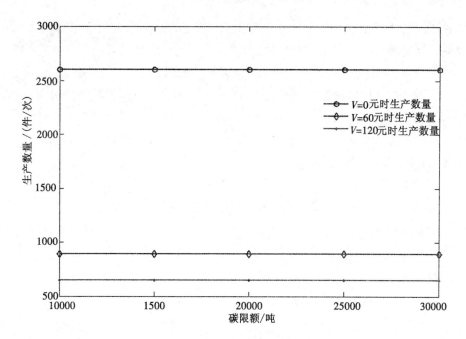

图 5.5　碳限额变化对生产数量的影响

本，因而影响效果更明显。此时，生产 – 库存总成本变化如图 5.6 所示。

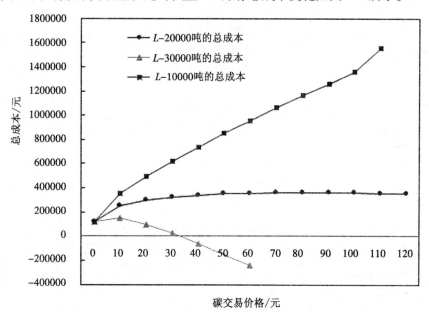

图 5.6　不同碳限额之下总成本变化趋势图

由图 5.6 可知，分配的碳限额越低，厂商成本越高，也可以说，政府的碳排放限额管理越严格，厂商负担越重。比如 $L = 10000$ 吨时，碳交易价格上涨，厂商在既定的生产条件下其成本不断增加。当碳限额逐渐增加时，厂商成本开始下降，分配碳限额足够高时，在一定价格之下，出售剩余碳限额的收益能够抵消运营成本。如 $L = 30000$ 吨，当碳价格 $V = 20$ 元时，成本曲线开始递减，此时厂商分配的碳排放限额已经出现剩余，出售价格越高，厂商越能尽快用收益补偿成本。在碳交易价格 $V > 40$ 元以后，碳交易收益可以完全抵消厂商运营成本，而且还有部分剩余，这说明此时的政府分配碳限额过高，$L = 20000$ 吨数量适中，对厂商影响趋势平稳。

(3) 碳税税率水平变化对于厂商决策的影响

实际上，当初始分配碳限额为零时，碳交易价格与碳税两个参数都可以表示为碳排放价格的体现。所以，碳税对于厂商订货倍数与生产数量的影响与碳价格变化的影响类似，具体如图 5.7 所示。

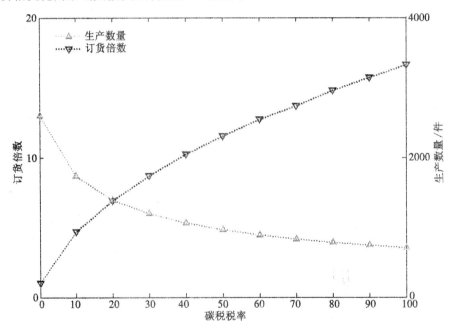

图 5.7　不同碳税税率之下总成本变化趋势图

图 5.7 表明碳税税率变化对厂商决策结果的改变。碳税越高，生产数量越小，而订货倍数变化趋势与之相反，碳税越高，订货数量增加，此时，厂商生产－库存成本变化如图 5.8 所示。

图 5.8 表明碳税与厂商生产－库存总成本同向变化，碳税越高，厂商运行成本越高。两种约束机制下厂商总成本对比如图 5.9 所示。

图 5.9 中，碳交易价格与碳税税率变化区间相同，但厂商生产－库存总成本的差异巨大，在碳税等于 0 与交易价格等于 0 点处，二者成本相同，随着价

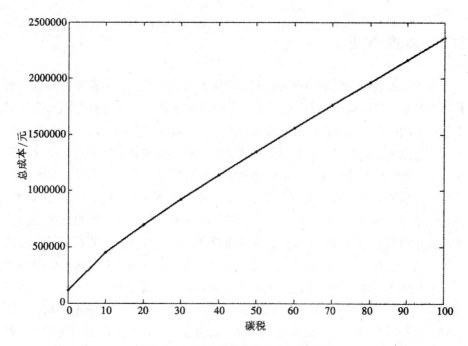

图 5.8 不同碳税下总成本变化趋势图

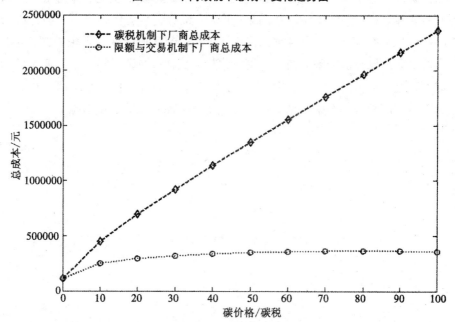

图 5.9 两种减排机制下总成本对比

格与碳税水平增长, 碳税机制下厂商总成本增加速度远远高于限额与交易机制下成本变化比率。

5.5　本章小结

　　本章主要研究了限额与交易机制、碳税机制下单个厂商多种原材料订货数量及生产批量协调优化问题，考虑运输、存储及生产过程中的碳排放，建立了带有碳约束的单厂商生产–库存成本模型，并通过模型分析得出了两种碳约束机制下厂商最优生产–库存策略。计算实验与敏感性分析表明：限额与交易机制下，厂商的生产批量减小、订货频率减少而订货数量增加，总成本也高于无碳约束的情形。在一定条件下，订货倍数与生产数量可以使总成本达到最低，但在此范围之外，总成本的变化趋势受到分配碳限额与碳交易价格的影响而呈不同变化趋势。交易价格上涨时，碳限额越严格，厂商总成本随着交易价格的增加而递增；当碳限额适中时，总成本曲线呈现先增后减趋势，而且碳限额越高，成本曲线拐点越早出现，这一点与 Hua 的结论略有不同。此外，当给定交易价格时，碳限额增加不影响订货倍数与生产数量，但影响总成本变化，大体上是碳限额增加时厂商总成本递减，且交易价格越高，对成本影响越显著，可是当交易价格等于零时，厂商的成本不因碳限额的增加而变化，保持某一定值不变，得出碳交易价格在高、中、低之下，厂商的成本变化趋势。不考虑碳排放限额，单纯考察碳交易价格时，限额与交易机制实质转变为碳税机制，此时厂商的决策结果类似于限额与交易机制情景。然而，在碳税机制下厂商运营的总成本明显增加，相比之下，限额与交易机制更有利于厂商。本章研究内容可以为厂商在两种减排约束机制下选择最优生产–库存策略提供依据。

第6章 限额与交易机制下多级供应链生产－库存控制策略

上一章分析了限额与交易机制及碳税机制应用于单个厂商的运营情景，传统的供应链环境，在考察碳排放因素之后，生产－库存决策水平发生重大变化。在实践中，供应链是由多个成员组成的网络结构，在多级生产－库存系统内，各成员在既定分配限额约束下运营，碳限额节余或不足与各成员的运营能力、减排水平直接相关。限额与交易作为市场与政策结合的产物，在多个成员组成的供应链网络中又会产生哪些影响？如果供应链成员之间能够共享碳排放限额，协调运营结果会发生怎样的变化？

因此，本章将限额与交易机制应用于复杂的供应链结构中，研究限额与交易机制下多级供应链各成员间生产与库存的协调问题，通过该约束机制下多级生产－库存成本模型，分析供应链分散决策与集中决策的运营效果，探讨碳排放监管政策实践，这对于实现多级供应链协同减排具有重要的理论与实践意义。

6.1 问题描述与假设条件

6.1.1 问题描述

现有一个由多个供应商、单个制造商和多个零售商构成的三级供应链系统，如图6.1所示，系统中零售商 r 的需求是产品销售价格的函数 $D_k^r = f(p_k)$，制造商生产 k 种产品，需要 i 种原料，每件产品由 u_i 件原材料组成，由多个供应商提供，每个供应商供应一种或多种原料，当制造商收到第 r 个零售商订货量 Q_k^r 时，制造商生产 $\omega_m Q_k^r$（$\omega_m \geq 1$）以应对零售商 r 的需求波动，同时向 m 个供应商订购原材料 $u_i \omega_m Q_k^r$，供应商收到订单后，备货 $\omega_s \omega_m u_i Q_k^r$（$\omega_s \geq 1$）向制造商配送。供应链成员在订货运输、原材料及产品库存持有、生产加工过程中产生大量碳排放，政府部门依据各企业的历史产能以及组织规模，按照"基准制"原则统一分配碳配额给供应链成员，在企业外部存在碳交易市场为成员提供碳配额现货交易,各成员实际排放数量与分配额度相比,可能节余或不足,这就需要通过碳交易市场实现配额与排放之间的平衡,碳限额交易结果直接影响成员收益。为消除分散决策时三级系统的"双边际效应",制造商采用数量折扣契约协调整个系统。

因此,本章研究内容的实质是将限额与交易机制与传统的三级供应链结合,建立碳约束下多级供应链生产-库存成本模型,研究限额与交易机制下多级系统生产批量与订货批量协调,用计算实验进一步研究碳配额分配政策、碳市场交易变动与供应链生产、库存、订货之间的关系,得出限额与交易机制对多级供应链运营的管理结论。

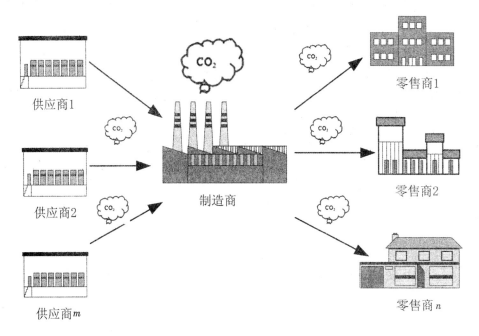

图6.1 三级供应链结构示意图

6.1.2 假设条件

本节研究内容基于以下的假设条件:

① 按照国际现行碳限额分配方法,本书的碳排放限额由政府依据各节点成员历史产能按照"基准制"原则分配。

② 零售商初始库存水平为 Q_k^i,产品需求是价格的分段函数,函数形式如下:

$$D_k^r = \begin{cases} a_k(_k^p)2 - b_k p_k + c_k, & 0 \leqslant p_k \leqslant -b/2a \\ 0, & p_k > -b/2a \end{cases}$$

其中 a_k，b_k，$c_k \in +R$，且 $b_k^2 - 4a_k c_k < 0$，$-b_k/2a_k$ 是产品价格的临界点。

③ 各节点成员订货采用不同载重车辆整车运输，车辆运输能力无限，且运输费用、运输排放与订货次数相关。

④ 节点成员的持有成本、库存排放与存货数量均为线性关系。

⑤ 系统不允许缺货，不考虑各级系统提前期影响。

6.1.3 参数说明

6.1.3.1 决策变量

Q_k^r：零售商 r 订购商品 k 的数量；

p_k^r：零售商 r 销售产品 k 的价格；

ω_m：制造商对零售商 r 订货量 Q_k^r 的生产倍数；

ω_s：供应商对于制造商订货的备货倍数；

T：制造商集中决策时零售商共同订货周期。

6.1.3.2 参数说明

s：供应商的数量，$s = 1, 2, \cdots, m$；

i：原材料种类，$i = 1, 2, \cdots, w$；

O_s：供应商 s 的订货成本，与原料类型无关；

h_i^s：供应商 s 持有原料 i 的单位成本；

w_s：供应商 s 提供的原料种类数，$w = \sum\limits_{s=1}^{m} w_s$；

k：产品种类，$k = 1, 2, \cdots, j$；

S_m：制造商每次生产固定启动成本；

h_k^m：制造商持有单位产成品 k 的成本；

O_i：制造商订购第 i 种原料的订货成本；

u_i：制造商每单位产成品需要 i 种原料数量；

h_i^m：制造商持有单位原料 i 的成本；

r：零售商数量，$r = 1, 2, \cdots, n$；

D_k^r：零售商 r 对产品 k 的需求率；

T_k^r：零售商 r 订购商品 k 的周期时间；

O_k^r：零售商 r 每次订购 k 产品的订货成本；

h_k^r：零售商 r 持有 k 商品的单位成本；

L_s：分配给供应商 s 的碳限额；

L_m：分配给制造商的碳限额；

L_r：分配给零售商 r 的碳限额；

P：碳交易价格，适用整个供应链系统；

Y_z：可交易碳限额，$z = s, m, r$（正值表示卖出，负值表示买入）；

E_f^s：供应商 s 每次订货的固定排放；

$E_{i,h}^s$：供应商 s 持有原料 i 的单位库存排放；

$E_{i,f}^m$：制造商每次订购原料 i 的固定排放；

$E_{k,h}^m$：制造商持有产成品 k 的单位排放；

$E_{i,h}^m$：制造商持有原料 i 的单位排放；

$E_{k,p}^m$：制造商生产单位产品 k 的排放；

$E_{k,f}^r$：零售商 r 每次订购商品 k 的固定排放；

$E_{k,h}^r$：零售商 r 持有 k 商品的单位排放。

6.2 多级生产–库存系统碳排放数学模型

根据第 4 章提出的多级生产–库存系统碳排放计量的一般方法，在本节具体研究背景下，能够得到碳排放计算模型。

（1）运输碳排放模型

参考式（4.7）至式（4.10）可以计算出零售商订货运输的实际排放量。在本节中，零售商需求是产品价格的函数，按照 Whitin（1955）的研究，仍然适用于经典 EOQ 模型。这样，当零售商 r 发出订单 Q_k^r 时，制造商按照 ω_m 倍投入生产，供应商按照制造商订货供给 ω_s 倍原材料。依据第 4 章的一般方法，能够得出三级系统运输过程碳排放总量：

$$\text{零售商运输排放} = \sum_{r=1}^{n} \sum_{k=1}^{j} \frac{E_{k,f}^r D_k^r}{Q_k^r} \tag{6.1}$$

$$\text{制造商运输排放} = \sum_{r=1}^{n} \sum_{k=1}^{j} \sum_{i=1}^{w} \frac{E_{i,f}^m D_k^r}{\omega_m Q_k^r} \tag{6.2}$$

$$\text{供应商运输排放} = \sum_{s=1}^{m} \sum_{r=1}^{n} \sum_{k=1}^{j} \frac{E_f^s D_k^r}{\omega_s \omega_m Q_k^r} \tag{6.3}$$

供应链运输环节全部碳排放数量为：

$$E_T = \sum_{r=1}^{n} \sum_{k=1}^{j} \frac{E_{k,f}^r D_k^r}{Q_k^r} + \sum_{r=1}^{n} \sum_{k=1}^{j} \sum_{i=1}^{w} \frac{E_{i,f}^m D_k^r}{\omega_m Q_k^r} + \sum_{s=1}^{m} \sum_{r=1}^{n} \sum_{k=1}^{j} \frac{E_f^s D_k^r}{\omega_s \omega_m Q_k^r} \tag{6.4}$$

即将全部成员订货运输排放加总。

（2）库存碳排放

参考式(4.11)～式(4.14)计算三级生产－库存系统的库存持有碳排放，不考虑固定设备排放，已知条件中零售商需求为函数分布，其库存水平非线性变化。Zheng(1992)和 Axsäter(1996)都曾对用 EOQ 模型计算随机问题进行过深入研究，强调用均值代替随机需求所确定的成本近似值与实际值，二者在最坏情况下的偏差率低于 11.8%，当订货数量大时，成本差距消失。运用 Zheng 和 Axsäter 的理论，本书零售商平均库存水平的近似值为 $Q_k^r/2$，制造商每种原材料库存为 $u_i(\omega_m - 1)Q_k^r/2$，各产成品的平均库存为 $(\omega_m - 1)Q_k^r/2$，供应商 s 第 i 种原材料库存水平为 $u_i\omega_m(\omega_s - 1)Q_k^r/2$，假设节点成员库存碳排放与存货数量均为线性相关，可得出三级系统各级库存持有排放总量：

$$\text{零售商库存持有排放} = \sum_{r=1}^{n}\sum_{k=1}^{j}\frac{E_{k,h}^{r}Q_k^r}{2} \tag{6.5}$$

$$\text{制造商库存持有排放} = \sum_{r=1}^{n}\sum_{k=1}^{j}\frac{E_{k,h}^{m}}{2}(\omega_m - 1)Q_k^r + \sum_{r=1}^{n}\sum_{k=1}^{j}\frac{\sum_{i=1}^{w}E_{i,h}^{m}u_i}{2}(\omega_m - 1)Q_k^r \tag{6.6}$$

$$\text{供应商库存持有排放} = \sum_{s=1}^{m}\sum_{r=1}^{n}\sum_{k=1}^{j}\frac{\sum_{i=1}^{w}E_{i,h}^{s}u_i\omega_m}{2}(\omega_s - 1)Q_k^r \tag{6.7}$$

三级供应链库存持有排放总量为：

$$E_W = \sum_{r=1}^{n}\sum_{k=1}^{j}\frac{E_{k,h}^{r}Q_k^r}{2} + \sum_{r=1}^{n}\sum_{k=1}^{j}\frac{E_{k,h}^{m}}{2}(\omega_m - 1)Q_k^r + \sum_{r=1}^{n}\sum_{k=1}^{j}\frac{\sum_{i=1}^{w}E_{i,h}^{m}u_i}{2}$$

$$(\omega_m - 1)Q_k^r + \sum_{s=1}^{m}\sum_{r=1}^{n}\sum_{k=1}^{j}\frac{\sum_{i=1}^{w}E_{i,h}^{s}u_i\omega_m}{2}(\omega_s - 1)Q_k^r \tag{6.8}$$

各项分别为：零售商库存持有排放、制造商产成品库存排放、制造商原材料库存持有排放、供应商库存持有排放。

（3）生产碳排放

依据式(4.6)，不考虑制造商固定设备排放，生产全部产品 $\omega_m\sum_{r=1}^{n}\sum_{k=1}^{j}Q_k^r$ 排放总量为：

$$E_P = \omega_m\sum_{r=1}^{n}\sum_{k=1}^{j}Q_k^r E_{k,p}^{m} \tag{6.9}$$

即生产碳排放是加工转化数量与单位生产碳排放的乘积。

(4)可交易碳限额

根据第4章对限额与交易机制的描述,能够得出本节各成员的可交易碳限额。

零售商可交易碳限额:$Y_r = L_r - \sum_{k=1}^{j} \frac{E_{k,f}^r D_k^r}{Q_k^r} - \sum_{k=1}^{j} \frac{E_{k,h}^r Q_k^r}{2}$ (6.10)

制造商可交易碳限额:

$$Y_m = L_m - \sum_{r=1}^{n} \sum_{k=1}^{j} \sum_{i=1}^{w} \frac{E_{i,f}^m D_k^r}{\omega_m Q_k^r} - \sum_{r=1}^{n} \sum_{k=1}^{j} \frac{E_{k,h}^m}{2}(\omega_m - 1)Q_k^r -$$

$$\sum_{r=1}^{n} \sum_{k=1}^{j} \frac{\sum_{i=1}^{w} E_{i,h}^m u_i}{2}(\omega_m - 1)Q_k^r - \sum_{r=1}^{n} \sum_{k=1}^{j} \omega_m Q_k^r E_{k,p}^m \quad (6.11)$$

供应商可交易碳限额:

$$Y_s = L_s - \sum_{r=1}^{n} \sum_{k=1}^{j} \frac{E_f^s D_k^r}{\omega_s \omega_m Q_k^r} - \sum_{r=1}^{n} \sum_{k=1}^{j} \frac{\sum_{i=1}^{w} E_{i,h}^s u_i}{2}(\omega_s - 1)Q_k^r \quad (6.12)$$

如果供应链协调决策,整个供应链共享全部碳限额,由制造商统一对外交易,则可交易碳限额为:

$$Y = \sum (Y_r + Y_m + Y_s) = \left(\sum_{s=1}^{m} L_s + L_m + \sum_{r=1}^{n} L_r \right) - (E_T + E_w + E_P)$$

(6.13)

可交易碳限额等于各成员可交易碳限额之和,或总限额与三种排放之差。

6.3 多级生产-库存系统分散决策模型

6.3.1 零售商平均成本函数

零售商 r 在每个周期内对产品 k 的需求为 D_k^r,周期内向制造商订货数量为 Q_k^r,考虑碳排放限额之后,零售商 r 的总成本为:

$$TCR_r = \frac{\sum_{k=1}^{j} O_k^r D_{rk}}{Q_k^r} + \frac{\sum_{k=1}^{j} h_k^r Q_k^r}{2} - PY_r \quad (6.14)$$

式中,第一项是零售商订货成本,第二项是库存持有成本,第三项是碳交易成本。当零售商有多余碳限额可以对外出售时,此项成本为正,此时零售商从碳限额交易中受益;反之,当此项成本为负值时,表示企业从碳交易市场购入不足的碳限额,购买碳限额将增加零售商全部运营成本。其中可交易碳限额 Y_r 可由式(6.10)表达,将其代入式(6.14)后,则有

$$TCR_r = \frac{\sum_{k=1}^{j}(O_k^r + PE_{k,f}^r)D_k^r}{Q_k^r} + \frac{\sum_{k=1}^{j}(h_k^r + PE_{k,h}^r)Q_k^r}{2} - PL_r \qquad (6.15)$$

由于 $\partial^2 TCR_r/\partial Q_k^r > 0$，可判断式(6.15)是关于 Q_k^r 的凸函数，则全部零售商总成本为：

$$TCR = \sum_{r=1}^{n}\sum_{k=1}^{j}\frac{(O_k^r + PE_{kf}^r)D_k^r}{Q_k^r} + \sum_{r=1}^{n}\frac{\sum_{k=1}^{j}(h_k^r + PE_{k,h}^r)Q_k^r}{2} - \sum_{r=1}^{n}PC_r \qquad (6.16)$$

将零售商 r 的成本加总即得。

6.3.2　制造商平均成本函数

制造商收到零售商 r 的订单 Q_k^r 时，按照订货数量的 ω_m 倍进行生产，同时按照原材料类型向 s 个供应商购进所需求的原料，则对于零售商 r 的订单，制造商平均成本函数如下：

$$TCM_m = \sum_{k=1}^{j}\frac{(S_m + \sum_{i=1}^{w}O_i + PE_{i,f}^m)D_k^r}{\omega_m Q_k^r} + \sum_{k=1}^{j}\frac{h_k^m + PE_{k,h}^m}{2}(\omega_m - 1)Q_k^r +$$

$$\sum_{k=1}^{j}\frac{\sum_{i=1}^{w}(h_i^m + PE_{i,h}^m)u_i}{2}(\omega_m - 1)Q_k^r + \omega_m P\sum_{k=1}^{j}Q_k^r E_{k,p}^m - PL_m \qquad (6.17)$$

式中，第一项表示生产启动成本、原材料订购成本与订货运输排放成本之和，第二项是产成品持有成本与持有排放成本，第三项为原材料持有成本与持有排放成本，最后一项表示碳交易成本。由于 $\partial^2 TCM_r/\partial\omega_m^2 = \sum_{k=1}^{j}(S_m + \sum_{i=1}^{w}O_i + P\sum_{i=1}^{w}E_{i,f}^m)D_k^r/\omega_m^3(Q_k^r)^* > 0$，可判断式(6.17)是关于 ω_m 的凸函数，当所有零售商发出订单时，制造商平均总成本为：

$$TCM = \sum_{k=1}^{j}\frac{(S_m + \sum_{i=1}^{w}O_i + PE_{i,f}^m)D_k^r}{\omega_m Q_k^r} + \sum_{k=1}^{j}\frac{h_k^m + PE_{k,h}^m}{2}(\omega_m - 1)Q_k^r +$$

$$\sum_{k=1}^{j}\frac{\sum_{i=1}^{w}(h_i^m + PE_{i,h}^m)u_i}{2}(\omega_m - 1)Q_k^r + \omega_m P\sum_{r=1}^{n}\sum_{k=1}^{j}Q_k^r E_{k,p}^m - PL_m$$

$$(6.18)$$

6.3.3　供应商平均成本函数

制造商向 s 个供应商购进 i 种原材料，供应商按订单备货 $\omega_s\omega_m u_i Q_k^r$，供应商 s 的平均成本函数为：

$$TCS_s = \sum_{r=1}^{n} \frac{\sum_{k=1}^{j}(O_s + PE_f^s)D_k^r}{\omega_s\omega_m Q_k^r} + \sum_{r=1}^{n}\sum_{k=1}^{j} \frac{\sum_{i=1}^{w}(h_i^s + PE_{i,h}^s)u_i\omega_m}{2}(\omega_s - 1)Q_k^r - PL_s$$

(6.19)

式中，第一项为订货成本与运输碳排放成本之和，第二项为库存持有成本与库存碳排放成本之和，第三项为碳交易成本。同理，因为 $\partial^2 TCS_s / \partial \omega_s^2 > 0$，可判断式(6.19)是关于 ω_s^* 的凸函数，则供应商阶段全部成本为

$$TCS = \sum_{s=1}^{m}\sum_{r=1}^{n} \frac{\sum_{k=1}^{j}(O_s + PE_f^s)D_k^r}{\omega_s\omega_m Q_k^r} +$$

(6.20)

$$\sum_{s=1}^{m}\sum_{r=1}^{n}\sum_{k=1}^{j} \frac{\sum_{i=1}^{w}(h_i^s + PE_{i,h}^s)u_i\omega_m}{2}(\omega_s - 1)Q_k^r - \sum_{s=1}^{m} PL_s$$

6.4　多级生产－库存系统集中决策模型

当不考虑供应链协作，而各成员独立决策时，直接将各级成员的平均成本加总即可得到多级系统生产－库存的总平均成本，也就是将式(6.16)、式(6.18)、式(6.20)的计算结果直接加和，即可得出限额与交易机制下分散决策时三级系统的总平均成本 TC，表达如下：

$$TC = TCR + TCM + TCS = \sum_{r=1}^{n}\sum_{k=1}^{j} \frac{(O_k^r + PE_{kf}^r)D_k^r}{Q_k^r} + \sum_{r=1}^{n} \frac{\sum_{k=1}^{j}(h_k^r + PE_{k,h}^r)Q_k^r}{2} +$$

$$\sum_{k=1}^{j} \frac{(S_m + \sum_{i=1}^{w}O_i + PE_{i,f}^m)D_k^r}{\omega_m Q_k^r} + \sum_{k=1}^{j} \frac{h_k^m + PE_{k,h}^m}{2}(\omega_m - 1)Q_k^r +$$

$$\sum_{k=1}^{j} \frac{\sum_{i=1}^{w}(h_i^m + PE_{i,h}^m)u_i}{2}(\omega_m - 1)Q_k^r + \omega_m P\sum_{r=1}^{n}\sum_{k=1}^{j}Q_k^r E_{k,p}^m +$$

$$\sum_{s=1}^{m}\sum_{r=1}^{n} \frac{\sum_{k=1}^{j}(O_s + PE_f^s)D_k^r}{\omega_s\omega_m Q_k^r} + \sum_{s=1}^{m}\sum_{r=1}^{n}\sum_{k=1}^{j} \frac{\sum_{i=1}^{w}(h_i^s + PE_{i,h}^s)u_i\omega_m}{2}(\omega_s - 1)Q_k^r -$$

$$P\left(\sum_{s=1}^{m} L_s + \sum_{r=1}^{n} C_r + L_m \right) \tag{6.21}$$

然而，在现实供应链决策中，由于每个零售商所面临的需求不同，以及零售商所处的市场环境、顾客购买能力等多种因素不同，所有零售商之间的订货周期很难达成一致，即 $T_k^1 \neq T_k^2 \neq \cdots \neq T_k^r$，制造商要随时面对可能到达的零售商订单，这种现象更为多见。但是，这种分散到达、各自决策的情景很容易产生供应链"双边际"问题，导致各级成员存货过多，形成"牛鞭效应"。因此，为了改变渠道效率，这里假设制造商在供应链中具有绝对的影响能力，可以要求全部零售商按照其统一确定时间订货，这就好比制造供应链中具有绝对地位的制造企业，像 Intel、海尔这样的企业，全部零售商的订货周期为 $T = Q/D$，由此可将式(6.21)转化为关于共同周期 T 的函数，制造商集中处理订单，这将大大减少订货工作，按单生产会有效降低生产数量。这样，分散的供应链生产 – 库存成本模型转化为关于共同订货周期 T 的函数 $\overline{TC}$，即制造商集中决策模型：

$$\overline{TC}(T) = \sum_{r=1}^{n} \frac{\sum_{k=1}^{j}(O_k^r + PE_{k,f}^r)}{T} + \sum_{r=1}^{n} \frac{\sum_{k=1}^{j}(h_k^r + PE_{k,h}^r)TD_k^r}{2} +$$

$$\frac{(S_m + \sum_{i=1}^{w} O_i + P\sum_{i=1}^{w} E_{i,f}^m)}{\omega_m T} + (\omega_m - 1)T\sum_{k=1}^{j}\frac{(h_k^m + PE_{k,h}^m)}{2}\sum_{r=1}^{n}D_k^r +$$

$$(\omega_m - 1)T\frac{\sum_{i=1}^{w}(h_i^m + PE_{i,h}^m)u_i}{2}\sum_{k=1}^{j}\sum_{r=1}^{n}D_k^r + \omega_m PT\sum_{r=1}^{n}\sum_{k=1}^{j}D_k^r E_{k,p}^m +$$

$$\sum_{s=1}^{m}\frac{(O_s + PE_f^s)}{\omega_s \omega_m T} + (\omega_s - 1)T\sum_{s=1}^{m}\frac{\sum_{i=1}^{w}(h_i^s + PE_{i,h}^s)u_i\omega_m}{2}\sum_{k=1}^{j}\sum_{r=1}^{n}D_k^r -$$

$$P\left(\sum_{r=1}^{n} L_r + L_m + \sum_{s=1}^{m} L_s \right) \tag{6.22}$$

$$\partial^2 \overline{TC}/\partial T^2 = 2\sum_{r=1}^{n}\sum_{k=1}^{j}(O_k^r + PE_{k,f}^r) \Big/ T^3 + 2(S_m + \sum_{i=1}^{w}O_i + P\sum_{i=1}^{w}E_{i,f}^m) \Big/ \omega_m T^3 +$$

$2\sum_{s=1}^{m}(O_s + PE_f^s)/\omega_s\omega_m T^3 > 0$，$\overline{TC}(T)$ 连续，表明式(6.22)是关于共同周期 T 的凸函数。令 $\partial \overline{TC}/\partial T = 0$，得出零售商共同订货周期 T^*：

$$T^*(\omega_m, \omega_s) = \sqrt{\frac{\hat{A} + \hat{B} + \hat{C}}{\hat{D} + \hat{E} + \hat{F} + \hat{G} + \hat{H}}} \tag{6.23}$$

其中：$\hat{A} = \sum_{r=1}^{n} \sum_{k=1}^{j} (O_k^r + PE_{k,f}^r)$，$\hat{B} = \dfrac{\left(S_m + \sum_{i=1}^{w} O_i + P \sum_{i=1}^{w} E_{i,f}^m\right)}{\omega_m}$，$\hat{C} = \sum_{s=1}^{m}$

$\dfrac{(O_s + PE_f^s)}{\omega_s \omega_m}$，$\hat{D} = \sum_{r=1}^{n} \dfrac{\sum_{k=1}^{j} (h_k^r + PE_{k,h}^r) D_k^r}{2}$，$\hat{E} = (\omega_m - 1) \sum_{k=1}^{j}$

$\dfrac{(h_k^m + PE_{k,h}^m)}{2} \sum_{r=1}^{n} D_k^r$，$\hat{F} = (\omega_m - 1) \dfrac{\sum_{i=1}^{w} (h_i^m + PE_{i,h}^m) u_i}{2} \sum_{k=1}^{j} \sum_{r=1}^{n} D_k^r$，$\hat{G} =$

$\omega_m P \sum_{r=1}^{n} \sum_{k=1}^{j} D_k^r E_{k,p}^m$，$\hat{H} = \omega_m \sum_{s=1}^{m} (\omega_s - 1) \dfrac{\sum_{i=1}^{w} (h_i^s + PE_{i,h}^s) u_i}{2} \sum_{k=1}^{j} \sum_{r=1}^{n} D_k^r \circ$

6.5 制造商利润补偿契约模型

制造商作为供应链的领导者，其所确定的零售商共同周期可能与实际周期不相一致，导致一些成员受益，另一些成员遭受损失。所以，为了激励供应链成员参与制造商的协调政策，制造商要对供应链其他成员提供数量折扣以补偿成员损失。将式(6.15)重新记为关于实际订货周期 T_k^r 的函数：

$$TCR_r = \dfrac{\sum_{k=1}^{j} (O_k^r + PE_{k,f}^r)}{T_k^r} + \dfrac{\sum_{k=1}^{j} (h_k^r + PE_{k,h}^r) D_k^r T_k^r}{2} - PL_r \qquad (6.24)$$

制造商提供零售商的单位数量折扣 β_k^r 按照如下方法计算：

$$\beta_k^r = \dfrac{1}{D_k^r} \left[\dfrac{\sum_{k=1}^{j} (O_k^r + PE_{k,f}^r)}{T^*} + \dfrac{\sum_{k=1}^{j} (h_k^r + PE_{k,h}^r) T^*}{2} - \dfrac{\sum_{k=1}^{j} (O_k^r + PE_{k,f}^r)}{(T_k^b)^*} - \right.$$

$$\left. \dfrac{\sum_{k=1}^{j} (h_k^r + PE_{k,h}^r)(T_k^r)^*}{2} \right] \qquad (6.25)$$

如果 $\beta_k^r > 0$，表示制造商集中决策结果使零售商蒙受损失，制造商要对零售商进行成本补偿，则补偿后零售商 r 的成本调整为：

$$\overline{\overline{TCR_r}}(T^*) = \dfrac{\sum_{k=1}^{j} (O_k^r + PE_{k,f}^r)}{T^*} + \dfrac{\sum_{k=1}^{j} (h_k^r + PE_{k,h}^r) D_k^r T^*}{2} - PL_r - \sum_{k=1}^{r} \beta_k^r Q_k^r$$

$$(6.26)$$

制造商采用同样补偿方法，提供给供应商的单位数量折扣 β^s 为：

$$\beta^s = \frac{\sum\limits_{k=1}^{j}(O_s + PE_f^s)}{\omega_s \omega_m T^* \sum\limits_{r=1}^{n} D_k^r} + \sum\limits_{k=1}^{r} \frac{\sum\limits_{i=1}^{w}(h_i^s + PE_{i,h}^s)u_i\omega_m}{2}(\omega_s - 1)T^* -$$

$$\frac{\sum\limits_{k=1}^{j}(O_s + PE_f^s)}{\omega_s \omega_m \sum\limits_{r=1}^{n} D_k^r (T_k^r)^*} - \sum\limits_{k=1}^{j} \frac{\sum\limits_{i=1}^{w}(h_i^s + PE_{i,h}^s)u_i\omega_m}{2}(\omega_s - 1)\sum\limits_{r=1}^{n}(T_k^r)^*$$

$$(6.27)$$

同理，如果 $\beta^s > 0$ ，制造商要为供应商提供补偿，供应商 s 的平均成本调整为：

$$\overline{\overline{TCS_s}}(T^*) = \frac{\sum\limits_{k=1}^{j}(O_s + PE_f^s)}{\omega_s \omega_m T^*} + (\omega_s - 1)T^* \sum\limits_{k=1}^{j}\sum\limits_{r=1}^{n} D_k^r \frac{\sum\limits_{i=1}^{w}(h_i^s + PE_{i,h}^s)u_i\omega_m}{2} -$$

$$PL_s - \beta^s \sum\limits_{r=1}^{n}\sum\limits_{k=1}^{j} Q_k^r \sum\limits_{i=1}^{w} u_i \qquad (6.28)$$

这样，补偿上下游成员损失以后，制造商成本会发生变化，重新表达如下：

$$\overline{\overline{TCM}}(T^*) = \sum\limits_{k=1}^{j} \frac{(S_m + \sum\limits_{i=1}^{w} O_i + P\sum\limits_{i=1}^{w} E_{i,f}^m)}{\omega_m T^*} + (\omega_m - 1)T^* \sum\limits_{k=1}^{j}\sum\limits_{r=1}^{n} D_k^r \frac{(h_k^m + PE_{k,h}^m)}{2} +$$

$$(\omega_m - 1)T^* \sum\limits_{k=1}^{j}\sum\limits_{r=1}^{n} D_k^r \frac{\sum\limits_{i=1}^{w}(h_i^m + PE_{i,h}^m)u_i}{2} +$$

$$\omega_m PT^* \sum\limits_{k=1}^{j}\sum\limits_{r=1}^{n} D_k^r E_{k,p}^m - PL_m + \sum\limits_{r=1}^{n}\sum\limits_{k=1}^{j} D_k^r \beta_k^r + \sum\limits_{s=1}^{m}\sum\limits_{r=1}^{n}\sum\limits_{k=1}^{j}\sum\limits_{i=1}^{w} \beta^s u_i D_k^r$$

$$(6.29)$$

6.6 模型求解

6.6.1 多级系统分散决策模型求解

多级系统的生产 – 库存分散决策模型(6.21)，其求解过程是从确定零售商最优订货数量开始进行顺序优化，由于零售商需求是价格的分段函数，首先将需求进行转化。为了使系统各级订货数量既能充分满足需求，又不致库存过高，本书在求解时设定步长为0.2，具体求解步骤如下。

第1步：确定零售商 r 的最优订货数量 $(Q_k^r)^*$ ，通过式(6.15)得出：

$$(Q_k^r)^* = \sqrt{2\sum_{k=1}^{j}(O_k^r + PE_{k,f}^r)D_k^r \Big/ \sum_{k=1}^{j}(h_k^r + PE_{k,h}^r)} \qquad (6.30)$$

由于需求是价格的分段函数，将 D_k^r 的分段函数代入式(6.30)得出零售商的最优订货量关于价格 p_k^r 的表达式(见 Whitin, 1955)：

$$Q_k^r(p_k^r) = \begin{cases} \sqrt{2\sum_{k=1}^{j}(O_k^r + PE_{k,f}^r)(a_k(p_k^r)^2 - b_k p_k^r + c_k)\Big/\sum_{k=1}^{j}(h_k^r + PE_{k,h}^r)}, \\ \qquad\qquad\qquad\qquad\qquad\qquad\qquad\qquad 0 \le p_k^r \le -b_k/2a_k \\ 0, \qquad\qquad\qquad\qquad\qquad\qquad\qquad p_k^r > -b_k/2a_k \end{cases}$$

$$(6.31)$$

从需求函数可知，当 $p_k^r \ge -b_k/2a_k$ 时，需求数量为0，所以价格变化对于订货数量的影响可在区间 $[0, -b_k/2a_k]$ 内考察，由于 $\partial^2(Q_k^r)^*/\partial(p_k^r)^2 > 0$ ，式(6.31)在 $0 \le p_k^r \le -b_k/2a_k$ 上是关于 $(p_k^r)^*$ 的凸函数。令 $\partial(Q_k^r)^*/\partial p_k^r = 0$ ，得出此时最优解 $(p_k^r)^* = -b_k/2a_k$ ，代入式(6.31)得出零售商最优订货量：

$$(Q_k^r)^* = Q_k^r(p_k^r) = \sqrt{\frac{4a_k c_k - b_k^2}{2a_k}\sum_{k=1}^{j}\frac{O_k^r + PE_{k,f}^r}{h_k^r + PE_{k,h}^r}} \qquad (6.32)$$

第2步：将 $(Q_k^r)^*$ 和 D_k^r 代入式(6.17)，找出 ω_m^* 使 $TCM_r(\omega_m^* - 0.2) > TCM_r(\omega_m^*) < TCM_r(\omega_m^* + 0.2)$ 成立，此步骤要重复 n 次，将所有的 $(Q_k^r)^*$ 、 D_k^r 和 ω_m^* 代入式(6.18)得出 TCM 。

第3步：将 $(Q_k^r)^*$ 、 D_k^r 和 ω_m^* 代入式(6.19)，找出使 $TCS_r(\omega_s^* - 0.2) > TCS_r(\omega_s^*) < TCS_r(\omega_s^* + 0.2)$ 成立的 ω_s^* ，此步骤重复 m 次，将计算出的 ω_s^* 与 $(Q_k^r)^*$ 、 D_k^r 和 ω_m^* 一并代入式(6.20)得出 TCS 。

第4步：将式(6.16)、式(6.18)、式(6.20)结果加和，即得出分散决策时多级系统生产-库存总成本 TC 。

6.6.2 基于启发式集中决策模型求解

模型(6.22)是制造商协调零售商共同订货周期 T 的函数，其中含有多个决策变量，从模型本身特性出发，集中决策模型可以运用启发式算法进行求解，通过初始设置逐级迭代得出模型的解，具体求解过程如下。

第1步：决策变量初始化。为制造商生产倍数与供应商备货倍数赋值。令 $\omega_{s=1} = \omega_{s=2} = \cdots = \omega_{s=m} = \omega_m = 1$ ，与其他参数值一并代入式(6.23)中，得出零售商共同订货周期 $T^* = T(\omega_{s=1}, \omega_{s=2}, \cdots, \omega_{s=m}, \omega_m)$。

第2步：将 T^* 的值代入式(6.22)，设 $\overline{TC}(\omega_{s=1} = \omega_{s=2} = \cdots = \omega_{s=m} = \omega_m)$ $= \overline{TC}(1, 1, \cdots, 1, 1) = \overline{TC_1}$，记下 $\overline{TC_1}$ 与此时 T^* 的值。

第3步：设 $\omega_m = 1.2$，将 $\omega_{s=1} = \omega_{s=2} = \cdots = \omega_{s=m} = 1$，$\omega_m = 1.2$ 代入式 (6.23)，计算出此时 T^* 的值并代入式(6.22)，得出 $\overline{TC}(\omega_{s=1} = \omega_{s=2} = \cdots = \omega_{s=m} = \omega_m) = \overline{TC}(1, 1, \cdots, 1, 1.2) = \overline{TC_2}$，记录 $\overline{TC_2}$ 和 T^* 的值。

第4步：比较 $\overline{TC_1}$ 与 $\overline{TC_2}$，如果 $\overline{TC_1} < \overline{TC_2}$，则 $\omega_{s=1} = \omega_{s=2} = \cdots = \omega_{s=m}$ $= 1, 1, \cdots, 1, 1$ 及 T^* 是所求解的最优值；否则重新赋值。设 $\omega_m = 1.4$，令 $\overline{TC}(1, 1, \cdots, 1, 1.2) = \overline{TC_1}$，通过式(6.23)再计算 $\overline{TC}(\omega_{s=1} = \omega_{s=2} = \cdots = \omega_{s=m} = \omega_m) = \overline{TC}(1, 1, \cdots, 1, 1.4) = \overline{TC_2}$ 时的 T^* 值，记录此时的 $\overline{TC_2}$ 与 T^*。

第5步：重新比较 $\overline{TC_1}$ 与 $\overline{TC_2}$，直到找出使 $\overline{TC}(1, 1, \cdots, 1, \omega_m^*) < \overline{TC}(1, 1, \cdots, 1, \omega_m^* + 0.2)$ 且 $\overline{TC}(1, 1, \cdots, 1, \omega_m^*) < \overline{TC}(1, 1, \cdots, 1, \omega_m^* - 0.2)$ 成立的 ω_m^*，即制造商最优的生产倍数。

第6步：令 $\overline{TC}(1, 1, \cdots, 1, \omega_m^*) = \overline{TC_1}$，设定供应商1的备货倍数为 1.2，即 $\omega_{s=1} = 1.2$，$\omega_{s=2} = 1$，$\cdots$，$\omega_{s=m} = 1$，通过式(6.23)计算 $\overline{TC}(1.2, 1, \cdots, 1, \omega_m^*) = \overline{TC_2}$，比较 $\overline{TC_1}$ 与 $\overline{TC_2}$ 的值，重复上述1步至5步，直到找出使 $\overline{TC}(1.2, 1, \cdots, 1, \omega_m^*) < \overline{TC}(1.2, 1, \cdots, 1, \omega_m^* + 1)$ 且 $\overline{TC}(1.2, 1, \cdots, 1, \omega_m^*) < \overline{TC}(1.2, 1, \cdots, 1, \omega_m^* - 1)$ 都成立的 $\omega_{s=1}^*$，即为供应商1的最佳备货倍数，此步骤重复 m 次，直到找出所有供应商的最佳供货倍数。

6.7 计算实验与敏感性分析

6.7.1 计算实验

本部分通过计算实验，进一步考察碳排放约束对三级系统分散与集中决策效果的影响。福建三农化学农药有限公司是泰禾股份的全资子公司，企业主要生产有机磷农药和精细化工产品，现以公司两种主要产品草甘膦（产品 1）和氯乙酸（产品 2）为例进行分析。三明化工厂（S_1）与福建中闽化工（S_2）是三农公司的原材料供应商，生产草甘膦所需的主要三种原料由三明化工厂供货，氯乙酸所需两种原料来自中闽化工，供应商相关参数见表6.1。三农公司（m）接到零售商订单时启动生产，每次启动成本 $S_m = 2000$ 元，商品 1、2 的单位持有成本分别为 5 元/件、3 元/件，单位持有排放水平分别为 3 千克/件、2.5 千克/

件，两种产品的生产排放率分别为 22 千克/件和 7 千克/件。五种原材料相关输入参数见表 6.2 所示。三农公司在厦门、龙岩、南平三市设有三农产品地区代理机构，由于两种产品的平均销售价格可得，计算过程能够简化。三个市场上产品 1 的销售价格分别为 205，190，185 元/件（6 千克装），产品 2 的销售价格分别为 102，118，136 元/件（10 千克装），三个零售商的其他参数见表 6.3 与表 6.4。市场上两个产品的需求函数分别为 $D_1^r = 0.2(p_k^r)^2 - 0.4p_k^r + 1000$ 和 $D_2^r = 0.15(p_k^r)^2 + 34p_k^r + 2500$。政府按照供应链节点企业规模免费分配碳限额，分配给三个零售商的碳限额分别是 6000 吨、7000 吨、9500 吨，制造商 30000 吨，两个供应商分别是 11000 吨和 10000 吨，每个成员在此碳限额之下运营。如果初始分配碳限额出现不足或多余时，供应链成员可以通过碳交易市场购买或出售，以实现政府碳排放监管要求。碳交易价格沿用第 5 章的计算标准，每吨价格 100 元。按照分散模型求解步骤，得出三级系统生产–库存模型的决策变量汇总于表 6.5 中。当制造商集中决策时，按照启发式方法所确定的零售商统一订货周期为 0.141，制造商生产倍数统一确定，供应商此时也可以集中确定备货数量，具体决策结果见表 6.6。

表 6.1　　　　　　　　　　　　　　供应商输入参数

s	O_s	i	h_i^s	E_f^s	$E_{i,h}^s$
1	2000	1	0.5	1000	0.15
		2	1		0.5
		3	1		0.8
2	1500	4	3	800	0.4
		5	5		1.5

表 6.2　　　　　　　　　　　　　　原材料输入参数

i	O_j	h_i^m	u_i	$E_{i,f}^m$	$E_{i,h}^m$
1	500	2	11	550	0.2
2	600	4	5	480	0.4
3	1000	2	5	600	0.5
4	800	6	3	550	0.8
5	1300	8	1	600	1.2

表 6.3　　　　　　　　　　　商品 1 输入参数

r	O_1^r	h_1^r	$E_{1,f}^r$	$E_{1,h}^r$
1	1000	4	350	2
2	1200	5	300	3
3	1400	6	400	4

表 6.4　　　　　　　　　　　商品 2 输入参数

r	O_2^r	h_2^r	$E_{2,f}^r$	$E_{2,h}^r$
1	800	2	300	1.5
2	1000	3	320	2
3	1500	5	400	5

表 6.5　　　　　　　　　　　三级系统分散决策结果

r	ω_{s1}^*	ω_{s2}^*	ω_m^*	Q_1^*
1	1.6		1.0	1821
2	1.6	—	1.2	1387
3	1.6		1.4	1385
				Q_2^*
1		1.4	1.2	1952
2	—	1.4	1.2	1748
3		1.4	1.4	1243

TCR_1	TCR_2	TCR_3	TCM	TCS_1	TCS_2	TC
168246	177849	189832	2979287	865926	622139	5003279

表 6.6　　　　　　　　　　　制造商集中决策结果

r	ω_{s1}^*	ω_{s2}^*	ω_m^*	Q_1^*
1				1340
2	1.2	—	1	1170
3				1015
				Q_2^*
1				1072
2	—	1.2	1	1227
3				1396

$\overline{TCR_1}$	$\overline{TCR_2}$	$\overline{TCR_3}$	$\overline{TCM}$	$\overline{TCS_1}$	$\overline{TCS_2}$	$\overline{TC}$
149258	168449	187200	2384998	588754	392470	3871129

对比表6.5与表6.6，得出的结论如下：第一，三级系统生产-库存平均总成本下降，体现出制造商集中决策优势，制造商集中决策以后，三级系统生产-库存平均总成本由5003279元下降到3871129元，节约成本1132150元，节约比率达到22.63%。第二，制造商集中决策使生产倍数大幅降低，供应商的供货倍数也随之减少。在分散决策时，制造商要根据零售商每个产品每次到达的订单，逐一确定生产数量，这不仅增加了制造商处理订货的复杂性，更增加了制造商的生产数量。然而，制造商作为领导者时，其可以统一零售商订货周期，集中处理订单，从而确定更接近实际需求的生产数量，这种情况下，制造商最佳生产倍数等于1，也就是按照确定数量等量生产，大大降低了生产数量，减少了成本占用。同时，集中的生产计划，可使制造商一次性订购所需原料，这也使供应商集中确定供货数量成为可能，此时供应商1和2确定的备货倍数低于分散订货时的数量。第三，制造商补偿契约为供应链集中决策提供有力的支撑。制造商集中决策以后，零售商订货周期时间缩短，这样零售商订货数量低于其EOQ订货数量，因此，制造商要提供数量折扣作为补偿以利于零售商协调。依式(6.25)制造商为零售商1提供的两种数量折扣分别是1.19元/件、0.83元/件；为零售商2提供的数量折扣分别为0.22元/件、0.78元/件；由于零售商3商品2订货周期高于共同周期，所以制造商只对零售商3订购商品1提供0.28元/件的数量折扣。制造商补偿零售商损失后，相比分散决策情景，其成本仍然减少535028元，资金节约明显，而此时的供应商备货数量减少，不需要制造商提供补偿，而且有成本节余，两个供应商分别节约成本277172元和229669元，制造商集中决策改进渠道效果。

6.7.2 限额与交易敏感性分析

当考察供应链成员碳排放以后，传统的生产-库存运作必然发生改变。碳排放相关因素变化会使整个供应链碳排放及决策变量波动，以下从政策调控与市场交易两个视角分析碳排放因素变化对供应链决策结果的影响。供应链成员获得免费碳限额是政府分配的结果，在现行交易价格($P = 100$)之下，政府分配碳限额有四种变化趋势：① $L = 0$，即全部碳排放都要付费；② 分配额度减少30%；③ 现有分配水平；④ 分配额度增加30%。政府分配额度盈余或不足衍生出碳排放权交易市场，在给定的分配额度下，碳交易价格变化如下：① $P = 0$，无偿取得碳限额，可视为无碳约束行为；② 碳交易价格适中，$P = 50$；③ 正常交易价格，$P = 100$；④ 碳交易价格偏高，$P = 200$。政策与市场双重作用下，当供应链分散决策与制造商集中决策时，供应链总平均成本变化趋势如

图 6.2 和图 6.3 所示。

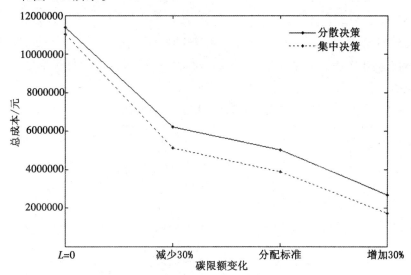

图 6.2　碳分配限额变化对供应链总成本的影响

从图 6.2 可以看出，碳限额变化直接影响三级系统生产 - 库存总成本变化，二者呈现反向变化趋势。碳限额越低，系统总成本越高。例如，在碳限额 L = 0 时，此时可视为最严厉的排放管制，成员要对每个单位碳排放付费，这时系统总成本最高。碳限额逐渐增加以后，成本开始降低，这说明初始碳限额分配政策对供应链运营影响显著。

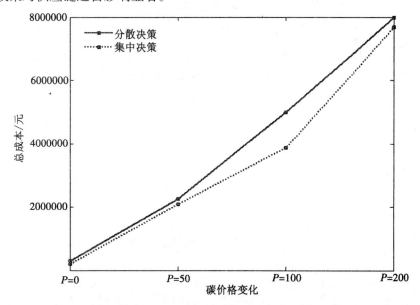

图 6.3　碳交易价格变化对供应链总成本的影响

图 6.3 说明碳交易价格与系统总成本变化趋势相同，碳价格越高，三级系统成本越高。当交易价格 $P = 0$ 时，碳市场交易成本极低，此时总成本最低。碳交易价格上涨，系统总成本增加，$P = 200$ 时，总成本最高，对比图 6.2 与图 6.3，制造商集中决策时系统成本更低。初始分配限额与碳交易价格变化对两种决策方式下零售商订货数量的影响见表 6.7。

表 6.7　　　碳限额与交易价格变动对零售商订货数量的影响

碳限额与碳价格变动	分散决策						集中决策					
	Q_1^{r*}			Q_2^{r*}			Q_1^{r*}			Q_2^{r*}		
$L = 0$	1821	1387	1385	1952	1748	1243	1340	1170	1015	1072	1227	1396
-30%	1821	1387	1385	1952	1748	1243	1340	1170	1015	1072	1227	1396
不变	1821	1387	1385	1952	1748	1243	1340	1170	1015	1072	1227	1396
$+30\%$	1821	1387	1385	1952	1748	1243	1340	1170	1015	1072	1227	1396
$P = 0$	2168	2124	2094	2742	2503	2375	1595	1794	1537	1506	1758	2170
$P = 50$	1829	1402	1398	1964	1762	1259	1434	1382	1204	1278	1523	1712
$P = 100$	1821	1387	1385	1952	1748	1243	1340	1170	1015	1072	1227	1396
$P = 200$	1818	1379	1378	1945	1741	1235	1237	1064	911	968	1022	1187

从表 6.7 中可以看出：制造商集中决策时，各零售商对于两种商品订货数量明显更低。碳限额变化没有影响零售商订货数量，而碳交易价格变化时，订货数量却随着碳交易价格的升高而降低。式 (6.30) 的表达可以说明这种趋势的原因，零售商订货数量的计算与碳排放及成本因子有关，不涉及碳分配限额。分散决策时制造商生产数量与供应商供货数量变化见表 6.8。

表 6.8　　　碳限额与交易价格变动对生产倍数与供货倍数的影响

碳限额与碳价格变动	$(\omega_m^*)_{r1}$			$(\omega_m^*)_{r2}$			$(\omega_{s1}^*)_{r1}$			$(\omega_{s2}^*)_{r2}$		
$L = 0$	1.0	1.4	1.4	1.0	1.1	1.6	1.6	1.6	1.6	1.4	1.4	1.4
-30%	1.0	1.4	1.4	1.0	1.1	1.6	1.6	1.6	1.6	1.4	1.4	1.4
不变	1.0	1.4	1.4	1.0	1.1	1.6	1.6	1.6	1.6	1.4	1.4	1.4
$+30\%$	1.0	1.4	1.4	1.0	1.1	1.6	1.6	1.6	1.6	1.4	1.4	1.4
$P = 0$	1.0	1.0	1.0	1.0	1.0	1.4	2.8	2.8	2.8	1.2	1.2	1.2
$P = 50$	1.0	1.2	1.2	1.0	1.2	1.6	1.6	1.6	1.6	1.4	1.4	1.4
$P = 100$	1.0	1.4	1.4	1.0	1.2	1.6	1.6	1.6	1.6	1.4	1.4	1.4
$P = 200$	1.0	1.4	1.4	1.0	1.2	1.6	1.6	1.6	1.6	1.4	1.4	1.4

表 6.8 是三级系统分散决策结果，在表中碳限额变化对制造商生产倍数及供货倍数的影响与表 6.7 的结论相同。当碳限额增加时，制造商的生产倍数与供应商供货数量均无变化。碳交易价格变动时，制造商生产倍数与供应商供货数量波动明显。当制造商集中决策以后，碳限额与碳交易价格变化对二者的影响趋势如图 6.4 和图 6.5 所示。

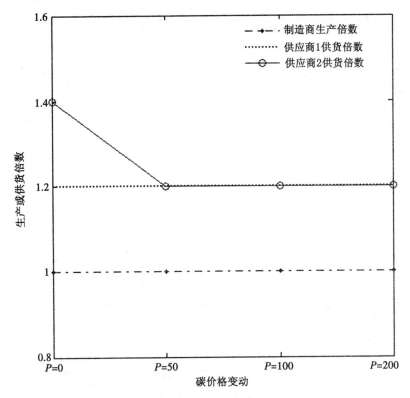

图 6.4　碳限额变化时生产与备货倍数变化

从图 6.4 可以看出，碳限额的增加与减少对于制造商的生产倍数与供应商倍数没有影响，制造商生产倍数都是 1.0，也就是说，集中决策后，制造商是按照订购数量等量生产，不再需要根据每一个零售商订单确定生产倍数，由此生产数量大幅降低，两个供应商的供货倍数与分散决策相比明显减少，但整体备货水平不受碳限额变动影响，均为 1.2 倍。在图 6.5 中，碳交易价格变动对供应商的备货数量影响也不够显著，除去供应商 2 在 $P=0$ 处备货数量为 1.4 倍外，其他均 1.2 倍，制造商依然采用等量生产政策，不受碳价格波动影响。两个图的结果与表 6.8 的结论相比，制造商生产倍数和供应商的供货倍数已经明显降低。

通过上述分析可以得出：碳限额与碳交易价格增减变化都会使决策变量及

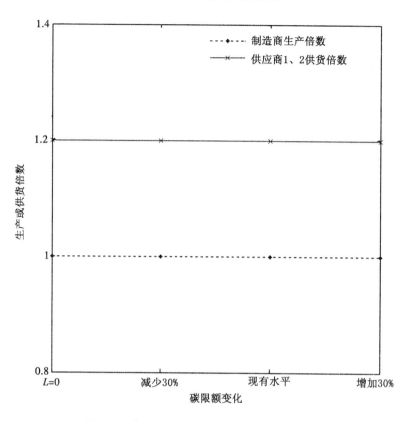

图 6.5 碳交易价格变化时生产与备货倍数变化

系统总成本发生变化,但二者相比,碳交易价格变动对决策的影响更为显著。碳限额由政府设定,是政府赋予企业的排放权利,碳限额分配数量的大小直接影响企业的运营成本。如果限额过高,其对企业碳减排的约束能力必然减弱;然而,如果碳限额过于严厉,环境政策又可能会加重企业负担。碳交易价格是限额与交易机制的另一个方面,碳交易价格由碳交易市场可交易碳限额数量决定,价格变化影响每一个决策值,排控效果更加直接。

6.8 本章小结

限额与交易机制是国际社会普遍接受的一种碳减排方法,它结合宏观政策的强制性与市场机制的灵活性,市场化的运作方式使碳排放权成为有价值的商品。中国正在积极推进碳交易市场建设,国际减排经验对此有重要启示。本章用改进 *EOQ* 模型,研究了多零售、单制造商、多供应商组成三级系统的生产–库存控制问题,考虑各节点成员在订货运输、库存持有以及生产过程中的碳排放，建立限额与交易机制下三级系统生产－库存分散决策与制造商集中决策模型。计算实验表明：制造商集中决策时，三级生产－库存系统成本节约达到22.63%，各决策值明显优于分散决策结果，零售商按照制造商协调共同周期订货，订货数量低于分散决策的订货量，所以制造商需要向零售商提供数量折扣作为补偿，在补偿零售商损失之后，制造商平均成本仍大大低于分散决策成本。敏感性分析说明，碳限额变化只影响系统总平均成本，碳限额升高与系统平均成本变化趋势相反；碳交易价格越高，零售商订货数量、制造商生产数量、供应商备货数量都减少，但由于较高的碳交易价格，系统总平均成本依然增加。总体而言，无论碳限额与碳交易价格如何变动，制造商集中决策效果更优。限额与交易机制是政府与市场结合共同控制碳排放的手段，从计算实验可以看出，碳限额不影响决策变量结果，而是影响成本变化，而碳价格变动时每一个决策变量值发生变化，对于系统决策影响更明显，要充分利用市场机制实现减排目标。

第7章 碳税机制下多级供应链生产-库存控制策略

与累进税率一样，碳税税率的设置也应该考虑到碳排放水平的高低，这样更能反映价格的调节作用。然而，目前在欧洲国家以及文献研究中所执行的碳税主要采用统一税率形式。本章将碳税引入多级供应链生产-库存系统中，通过中国政府承诺的减排目标，设置政府对于企业超标准排放的容忍程度，以此建立级差碳税，将碳排放水平与税赋轻重相联系，并考虑各成员的竞争能力差异，重点探讨级差碳税对多级供应链不同竞争主体运营策略选择的影响。在级差碳税下，供应链运营结果是否会发生变化？竞争能力不同的成员企业要如何选择生产-库存策略？

因此，本章以单制造商、多分销商和多零售商构成的多级供应链为基础，研究级差碳税下各成员的生产-库存策略选择问题，并与统一碳税对比，比较两种碳税形式下四种策略的成本及碳排放水平变化。同时，给出基于碳排放容忍度的多级供应链生产-库存策略，并用计算实验证明模型和算法的有效性，研究内容可以为碳税机制实践提供参考依据。

7.1 问题描述与研究假设

7.1.1 问题描述

本章的三级供应链生产-库存系统由一个制造商、j个分销商和i个零售商组成，每个零售商由一个分销商供货，一个分销商可为多个零售商提供服务（$j < i$）。零售商中存在一个具备领导资格的企业，令$i = z$。根据零售商与制造商的竞争力ϑ可形成四种能力组合：Ⅰ表示零售商和制造商的竞争力都很强，而采用独立决策，即策略Ⅰ；Ⅱ和Ⅲ分别表示制造商、零售商的竞争力更强，即三阶段Stackelberg博弈策略；Ⅳ表示企业竞争力都很弱，供应链垂直整合形成联盟而采用合作博弈的策略。三级生产-库存系统结构如图7.1所示，在有限规划周期上，供应链企业之间按需订产，制造商首先进行生产，入库产品缺

陷率为 υ ，缺陷产品作为废物处理，在一个生产周期 t_m 内库存水平 $I_m(t)$ 逐渐增加，生产周期末全部完好产品交付至分销商；分销商 j 联结制造商与零售商，竞争力始终介于二者之间，其收到产品同时向 i 个零售商配送订货量 Q_{ri} ，余下在以后 $n-1$ 期内完成；零售商 i 的需求随着时间变化且与库存水平相关，即 $D_i(t) = f(t) + \kappa I_i(t)$ ，允许缺货部分延迟交付，延迟交付比率 $B_i(\eta)$ 是顾客等待时间 η 的函数。沿用第4.5节符号含义，使用4.5节所定义的碳排放容忍度与级差碳税，计算供应链各成员的库存持有排放与生产排放，建立生产 – 库存策略集合，比较级差碳税与统一碳税下竞争主体策略选择的变化。

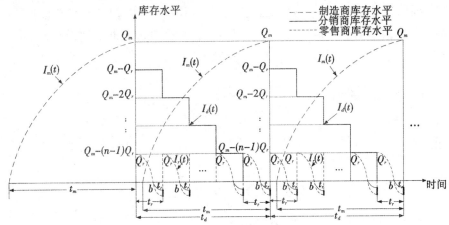

图 7.1　三级供应链生产 – 库存结构示意图($j=1$, $i=1$)

7.1.2　研究假设

本章的研究内容基于以下假设：

① 在库存控制模型中，学者们经常假设库存系统需求随着时间变化（Zhou，2000；Beraa，2012），还有人认为需求受库存水平影响（Ghiami，2013；Panda，2013）。在复杂的市场环境中，各种因素都能改变需求水平，假设零售商 i 的需求随着时间减少且与库存水平相关，表示为：$D_i(t) = f(t) + \kappa_i I_i(t)$ ，其中 κ_i 代表库存影响需求系数，时变需求率 $f(t) = a + bt - ct^2$ ，$(a \geqslant 0$, $b \neq 0$, $c \neq 0)$ 是时间 t 的连续减函数。

② 在需求受库存水平影响的研究中，多数人假设不存在缺货（Zhou，2003），或者假设缺货可以全部推迟（Urban，2005），或部分延迟交付（Wu，2006），联系实际生活中那些品牌忠诚的消费者，他们愿意等待缺货补充。令 η 表示顾客等待时间，随着等待时间增长，会有一部分消费者转向其他替代产品，参考 Sarkar(2012) 的研究，本书假设延迟交付比率为 $B_i(\eta) = 1/(1 + \delta \eta)$ 。

③ 供应链成员的竞争力为 $\vartheta = \vartheta(b, l, d, o)$，其中，$b$ 代表讨价还价能力；l 表示领导能力；d 表示支配地位；o 代表其他因素。i 个零售商中存在一个足以影响整个供应链运营的零售商（例如 Natura，Wal-Mart），其能够垂直作用至上游成员，不影响横向其他零售商运营。

④ 二氧化碳强度将经济增长与碳排放问题联系在一起，引用碳排放容忍度 λ 表示排放水平高低，容忍度阈值与中国政府承诺减排强度一致，容忍度与碳税反向分级变化。

⑤ 通常情况下，碳排放过程与外界环境会发生化学变化，由于二氧化碳分解、沉积等而自然减少，这就是自然衰减率（Keeler，1972），多数情况下都被忽略。令 ψ 表示供应链碳排放的自然衰减率，参考 Chung（2013）的研究，设 $\psi = 0.01$。

7.2 符号说明

7.2.1 决策变量

Q_m：制造商生产数量 $Q_m = \sum_{j=1}^{w} Q_{mj}$；

t_m：制造商生产周期时间；

n_{ji}：分销商 j 在周期内向零售商 i 交付次数；

t_{dj}：分销商 j 订货周期时间，$j = 1, 2, \cdots, w$；

Q_{ri}：零售商 i 的订货数量，$i = 1, 2, \cdots, z$；

t_{ri}：零售商 i 的订货周期时间（$t_{dj} = n_{ji} t_{ri}$）；

b_{ri}：零售商 i 库存水平降至 0 的时间。

7.2.2 参数说明

多级生产－库存系统参数包括成本参数与碳排放参数两部分。

（1）成本相关参数

S：制造商的启动成本；

O_{dj}：分销商 j 每次订货成本；

O_{ri}：零售商 i 每次订货成本；

C_{si}：零售商 i 单位缺货成本；

$I_m(t)$：制造商库存水平；

$I_{dj}(t)$：分销商 j 库存水平；

$I_{ri}(t)$：零售商 i 库存水平；

H_m：制造商单位产品持有成本；

H_{dj}：分销商 j 单位产品持有成本；

H_{ri}：零售商 i 单位产品持有成本；

P：制造商的生产率；

υ：制造商库存产品缺陷率；

D_i：零售商 i 的需求率。

（2）碳排放相关参数

L_m：分配给制造商的碳排放限额；

L_{dj}：分配给分销商 j 的碳排放限额；

L_{ri}：分配给零售商 i 的碳排放限额；

E_{mp}：制造商生产单位产品碳排放量；

E_{mh}：制造商持有单位产品碳排放量；

E_{dj}：分销商 j 持有单位产品碳排放量；

E_{ri}：零售商 i 持有单位产品碳排放量。

7.3　碳税机制下多级供应链生产 – 库存策略模型与求解

由于供应链成员自身竞争能力的差异，其在供应链中所处的位置会发生变化。如果几个成员竞争能力均等，且都从自身利益独立进行决策，这种供应链就是完全独立运营的供应链，即策略Ⅰ。如果系统存在一个强势成员（如 Intel 或 Wal-Mart），成为主导整个供应链的领导者，在非合作情况下，供应链就存在主从关系，即形成策略Ⅱ或策略Ⅲ。如果成员竞争能力均相对较弱，结成联盟是最好的选择，即策略Ⅳ。

7.3.1　策略 I——独立决策模型

7.3.1.1　零售商的期望成本

从图 7.1 可知，零售商 i 期初库存水平为 Q_{ri}，等量分批订货，在周期时间 t_{ri} 内，以 $-[f(t) + \kappa I_i(t)]$ 速度满足需求。在第一个零售商周期内，b_{r1} 时刻全部存货消耗完毕，t_{r1} 时刻下一批量到货，用于满足部分延迟需求及正常消耗，到 b_{r2} 时库存水平逐渐下降为 0，如此循环，直到最后一个周期 n。在一个零售周期 t_{ri} 内，零售商 i 的库存水平由以下微分方程给出：

$$\frac{\mathrm{d}I_{ri1}(t)}{\mathrm{d}t} = -D_i(t) = -[f(t) + \kappa I_i(t)], \ t_{ri} \leqslant t \leqslant b_{ri+1} \qquad (7.1)$$

边界条件：$I_{ri1}(0) = Q_{ri}$，$I_{ri1}(b_{ri+1}) = 0$，得出微分方程(7.1)的解：

$$I_{ri1}(t) = \int_t^{b_{ri+1}} e^{\kappa(u-t)} f(u) \, \mathrm{d}u, \quad t_{ri} \leqslant t \leqslant b_{ri+1} \tag{7.2}$$

因此，零售商 i 在区间 $[t_{ri}, b_{ri+1}]$ 内全部库存量为：

$$I_i = \int_{t_{ri}}^{b_{ri+1}} \left[\int_t^{b_{ri+1}} e^{\kappa(u-t)} f(u) \, \mathrm{d}u \right] \mathrm{d}t \tag{7.3}$$

改变积分上限，式(7.3)可以重新记为：

$$
\begin{aligned}
I_i &= \int_{t_{ri}}^{b_{ri+1}} \left[\int_t^{b_{ri+1}} e^{\kappa(u-t)} f(u) \, \mathrm{d}u \right] \mathrm{d}t \\
&= \int_{t_{ri}}^{b_{ri+1}} \left[\int_{t_{ri}}^{b_u} (1 + \kappa(u-t)) \, \mathrm{d}t \right] f(u) \, \mathrm{d}u \\
&= \int_{t_{ri}}^{b_{ri+1}} \left[(1 + \kappa u)(u - t_{ri}) - \frac{1}{2}(u^2 - t_{ri}^{\,2}) \right] f(u) \, \mathrm{d}u \\
&= \int_{t_{ri}}^{b_{ri+1}} \left[(1 + \kappa t)(t - t_{ri}) - \frac{1}{2}(t^2 - t_{ri}^2) \right] f(t) \, \mathrm{d}t
\end{aligned} \tag{7.4}
$$

零售商 i 缺货数量表达如下：

$$\frac{\mathrm{d}I_{ri2}(t)}{\mathrm{d}t} = D_i(t) B_i(t) = \frac{f(t) + \kappa I_i(t)}{1 + \delta(t_{ri} - t)}, \quad b_{ri} \leqslant t \leqslant t_{ri} \tag{7.5}$$

边界条件为 $I_{ri2}(b_{ri}) = 0$，在区间 $[b_{ri}, t_{ri}]$ 上，全部缺货数量为：

$$
\begin{aligned}
B_i &= \int_{b_{ri}}^{t_{r1}} I_{ri2}(t) \, \mathrm{d}t \\
&= \int_{b_{ri}}^{t_{ri}} \left[\int_{b_{ri}}^t \frac{f(u)}{1 + \delta(t_{ri} - u)} \times \left[\frac{1 + \delta(t_{ri} - u)}{1 + \delta(t_{ri} - t)} \right]^{\kappa/\delta} \mathrm{d}u \right] \mathrm{d}t \\
&= \frac{1}{\delta - \kappa} \int_{b_{ri}}^{t_{ri}} \left[\frac{1 + \delta(t_{ri} - t)}{1 + \delta(t_{ri} - b_{ri})} \right]^{\kappa/\delta - 1} f(t) \, \mathrm{d}t
\end{aligned} \tag{7.6}
$$

得出零售商 i 的相关成本如下。

持有成本：

$$HC_{ri} = H_{ri} \times \int_{t_{ri}}^{b_{ri+1}} \left[(1 + \kappa t)(t - t_{ri}) - \frac{1}{2}(t^2 - t_{ri}^2) \right] f(t) \, \mathrm{d}t \tag{7.7}$$

缺货成本：

$$SC_{ri} = C_{si} \times \frac{1}{\delta - \kappa} \int_{b_{ri}}^{t_{ri}} f(t) \left[\frac{1 + \delta(t_{ri} - t)}{1 + \delta(t_{ri} - b_{ri})} \right]^{\kappa/\delta - 1} \mathrm{d}t \tag{7.8}$$

库存碳排放成本：

$$EC_{ri} = \zeta \times (1 - \psi) \times E_{ri} \times \int_{t_{ri}}^{b_{ri+1}} \left[(1 + \kappa t)(t - t_{ri}) - \frac{1}{2}(t^2 - t_{ri}^2) \right] f(t) \, \mathrm{d}t \tag{7.9}$$

则周期内零售商 i 的单位总成本：

$$TC_{ri}(t_{ri}, b_{ri}) = \frac{1}{t_{ri}} \times (O_{ri} + HC_{ri} + SC_{ri} + EC_{ri}) \tag{7.10}$$

零售商最优决策可令 $\partial TC_{ri}(t_{ri}, b_{ri})/\partial t_{ri} = 0$ 和 $\partial TC_{ri}(t_{ri}, b_{ri})/\partial b_{ri} = 0$，得出使 $TC_{ri}(t_{ri}, b_{ri})$ 最小的 t_{ri}^* 和 b_{ri}^*，再通过边界条件得出 Q_{ri}^*。

7.3.1.2　分销商的期望成本

分销商 j 的库存系统如图 7.1 所示，当第一个批量 Q_{mj} 到货时，分销商同时向 i 个零售商发出 Q_{ri} 后的初始库存水平为 $Q_{mj} - \sum_{i=1}^{z} Q_{ri}$，在周期 t_{dj} 内向零售商 i 配送 $n_{ji} - 1$ 次，周期内累积库存为：

$$I_{dj}(t) = Q_{mj}t_{dj} - \sum_{i=1}^{z} Q_{ri}t_{ri}(1 + 2 + \cdots + n_{ji}) = \sum_{i=1}^{z} Q_{ri}t_{ri}\frac{n_{ji}(n_{ji} - 1)}{2} = \frac{Q_{mj}t_{dj}(n_{ji} - 1)}{2n_{ji}} \tag{7.11}$$

分销商 j 的相关成本

库存持有成本：

$$HC_{dj} = H_{dj}\sum_{i=1}^{z} Q_{ri}t_{ri}\frac{n_{ji}(n_{ji} - 1)}{2} \tag{7.12}$$

碳排放成本：

$$EC_{dj} = E_{dj} \times \zeta \times (1 - \psi) \times \sum_{i=1}^{z} Q_{ri}t_{ri}\frac{n_{ji}(n_{ji} - 1)}{2} \tag{7.13}$$

分销商 j 单位总成本：

$$TC_{dj}(t_{dj}, n_{ji}) = \frac{1}{t_{dj}} \times (O_{dj} + HC_{dj} + EC_{dj}) \tag{7.14}$$

将前面计算得到的 Q_{ri} 和 t_{ri} 代入式(7.14)中，令 $\partial TC_{dj}(t_{dj}, n_{ji})/\partial t_{dj} = 0$ 和 $\partial TC_{dj}(t_{dj}, n_{ji})/\partial n_{ji} = 0$，得出 t_{dj}^* 和 n_{ji}^*。

7.3.1.3　制造商的期望成本

制造商先于分销商生产，库存产品中缺陷产品比率为 υ，在周期 t_m 末将完好产品 Q_m 同时配送至 j 个分销商，则制造商库存水平 $I_m(t)$ 可通过微分方程计算：

$$\frac{dI_m(t)}{dt} = P - \upsilon I_m(t), 0 \leqslant t \leqslant t_m \tag{7.15}$$

边界条件：$I_m(0) = 0$，$I_m(t_m) = Q_m$。使用泰勒级数化简得出：

$$I_m(t) = (\int_0^{t_m} Pe^{\upsilon t}dt)e^{-\upsilon t} = P(t + \frac{\upsilon}{2}t^2)(1 - \upsilon t), 0 \leqslant t \leqslant t_m \tag{7.16}$$

相关成本如下。

库存持有成本：

$$HC_m = H_m \times \int_0^{t_M} I_m(t)\,\mathrm{d}t = H_m \times \int_0^{t_M} P\left(t + \frac{v}{2}t^2\right)(1 - vt)\,\mathrm{d}t \qquad (7.17)$$

库存持有排放成本：

$$EC_{mh} = \zeta \times (1 - \psi) \times E_{mh} \times \int_0^{t_m} P\left(t + \frac{v}{2}t^2\right)(1 - vt)\,\mathrm{d}t \qquad (7.18)$$

生产排放成本：

$$EC_{mp} = \zeta \times (1 - \psi) \times E_{mp} \times Q_m(1 + v) \qquad (7.19)$$

制造商单位总成本如下：

$$TC_m(t_m, Q_m) = \frac{1}{t_m} \times (S + HC_m + EC_{mh} + EC_{mp}) \qquad (7.20)$$

利用边界条件 $Q_m = P\left(t_m + \frac{v}{2}t_m^2\right)(1 - vt_m)$ 代入式(7.20)中，式(7.20)转化为关于 t_m 的函数，通过 $\partial TC_m/\partial t_m = 0$ 得到生产商周期 t_m^* 和 Q_m^*。

7.3.2 策略Ⅱ——制造商主导下的非合作博弈模型

制造商竞争力更强而成为供应链的领导者，与其他成员形成非合作三级 Stackelberg 博弈策略，模型如下：

$$\min TC_m(t_m, Q_m)$$

$$\text{s. t. } \min \sum_{j=1}^{w} TC_{dj}(t_{dj}, n_{ji}) \qquad (7.21)$$

$$\min \sum_{i=1}^{z} TC_{ri}(t_{ri}, b_{ri})$$

博弈顺序如下：制造商决策以后，分销商按照制造商决策结果调整策略，零售商最后做出决策，形成三阶段领导者-追随者博弈模型，从零售商开始采用逆向归纳法进行求解，步骤如下。

第1步：同策略Ⅰ零售商求解方法，得出使 TC_{ri} 最小的 t_{ri}^*，b_{ri}^* 和 Q_{ri}^*。

第2步：将 Q_{ri}^* 代入式(7.14)，得出使 TC_{dj} 最小的 n_{ji}^*，t_{dj}^*，式(7.14)能转换成 Q_{mj} 的表达式，再将 Q_{ri}^*，n_{ji}^*，t_{dj}^* 代入式(7.14)，得出 Q_{mj}。

第3步：将 $Q_m^* = \sum_{j=1}^{w} Q_{mj}$ 代入式(7.20)，此时式(7.20)只含有一个未知变量，通过 $\mathrm{d}TC_m(t_m)/\mathrm{d}t_m = 0$ 即得到 t_m^*。

7.3.3　策略Ⅲ—零售商主导下的非合作博弈模型

零售商 z 作为供应链领导者，由研究假设知零售商 z 不影响同级零售商决策，全部零售商可视为一个整体，与策略Ⅱ相似，三级领导者－追随者博弈模型如下：

$$\min\left[TC_{rz}(t_{rz},\ b_{rz}) + \sum_{i=1}^{z-1}TC_{ri}(t_{ri},\ b_{ri})\right]$$
$$\text{s. t. } \min TC_{dj}(t_{dj},\ n_{ji}) \tag{7.22}$$
$$\min TC_m(t_m,\ Q_m)$$

策略Ⅲ的领导主体发生变化，决策顺序与策略Ⅱ相反，依然采用逆向归纳法从制造商开始进行求解，此处不再赘述。

7.3.4　策略Ⅳ—供应链成员间合作博弈模型

策略Ⅳ是供应链各成员自发结成联盟，基于策略Ⅰ的分析，得出下面的优化程序：

$$\min TC = TC_m + \sum_{j=1}^{w}TC_{dj} + \sum_{r=1}^{z}TC_{ri} \tag{7.23}$$
$$\text{s. t. } n \in N,\ t_m \geqslant 0,\ t_{dj} \geqslant 0,\ t_{ri} \geqslant 0$$

采用策略Ⅳ时，成本函数含有多个变量，通过启发式从下游零售商开始，搜索 $(t_{ri}^*,\ n_{ji}^*)$ 寻找全局最优解，步骤如下。

第1步：令 $n_{ji}=1$ 代入式（7.23），得式（7.23）关于 t_{ri} 的偏导数，即 $\partial TC(t_{ri},\ n_{ji})/\partial t_{ri}=0$ ，得出 t_{ri} 和 t_{dj} 。

第2步：得出的 t_{ri} 结合式（7.1）的边界条件及式（7.2）得出 b_{ri}，Q_{ri} 。

第3步：n_{ji}，Q_{ri} 与 Q_{mj} 之间的关系可得出 Q_{mj}，将此代入式（7.20）中得出 t_m 。

第4步：计算得到的变量值代入式（7.23）中，得出 $TC(n_{ji},\ t_{ri})=TC_1$ 。

第5步：再令 $n_{ji}=2$ ，重复上述 1~4 步，得出 $TC(n_{ji},\ t_{ri})=TC_2$ ，比较 TC_1 与 TC_2 。

第6步：对 n_{ji} 所有可能取值进行迭代，直到找出 $TC(n_{ji}^*,\ t_{ri}^*)$ 使 $TC(n_{ji}^*-1,\ t_{ri}(n_{ji}^*-1)) \geqslant TC(n_{ji}^*,\ t_{ri}^*) \leqslant TC(n_{ji}^*+1,\ t_{ri}(n_{ji}^*+1))$ 成立，即为合作博弈最优解。

7.4 计算实验与分析

为了更好地检验碳排放容忍度对供应链成员策略选择的影响，突出级差碳税与统一碳税特性，本部分以单个成员构成的三级系统为例，进行验证分析，制造商、分销商、零售商相关参数如下：制造商每次生产启动成本 S 为 12000元，制造商生产能力 P 为 10000 件，产品缺陷率 v 为 5%，制造商单位产品持有成本 H_m 为 3 元，分配给制造商的碳限额 L_m 为 18000 吨，制造商生产单位产品碳排放量 E_{mp} 为 9 千克，制造商持有单位产品碳排放量 E_{mh} 为 1.5 千克；分销商每次订货成本 O_d 为 3600 元，分销商单位产品持有成本 H_d 为 9 元，分配给分销商的初始碳排放限额 L_d 为 3500 吨，分销商持有单位产品的碳排放量 E_d 为 3 千克；零售商的产品需求函数 $D(t) = 25 + 10t - 5t^2 + 0.3I(t)$，零售商每次订货成本 O_r 为 1800 元，零售商单位缺货成本 C_s 为 25 元，零售商单位持有成本 H_r 为 18元，分配给零售商碳排放限额 L_r 为 4000 吨，零售商单位产品持有碳排放量 E_r 为 5 千克，顾客等待时间系数 δ 为 4，初始税率 ζ_0 为 10 元，使用 MATLAB（R2013a）软件求解，并进行相关管理决策分析。

7.4.1 级差碳税税率选择与函数凸性分析

书中的碳税是对供应链成员碳排放总量征收，碳税确定原则如下：以各成员不考虑碳排放时的参数为标准，计算正常运营产生的排放总量，与政府根据每个成员的产能分配的碳限额相比，计算污染水平指数，得出碳排放容忍度等级，以此确定级差碳税水平。按照求解方法，在不考虑碳排放约束（$\zeta = 0$）时，四种生产－库存策略决策结果如表 7.1 中所示。

表 7.1   无碳约束的四种策略决策结果

	策略 I	策略 II	策略 III	策略 IV
n	6	1	2	5
t_m	0.418	0.418	0.128	0.318
t_d	0.366	0.510	0.122	0.339
t_r	0.061	0.510	0.061	0.068
b	0.046	0.380	0.046	0.046
Q_m	3346	3346	1046	2967
Q_r	523	3346	523	593
TC_m	37885	37885	83825	42527

续表 7.1

	策略 I	策略 II	策略 III	策略 IV
TC_d	52350	5902	26161	33542
TC_r	37155	194462	37155	37159
TC	127391	238249	147141	113228

使用表 7.1 中无碳税决策变量值，能得出各种决策方式的污染水平指数，以此界定碳排放容忍度等级，定义每个成员的适用碳税。依据式(7.9)、式(7.13)、式(7.19)与式(7.20)计算出策略 I 中零售商、分销商、制造商的碳排放总量，得出零售商污染水平指数 θ_r = 2377/4000 = 0.5942，在排放边界 1 内，零售商的碳排放水平是可接受的 λ_1，适用基准碳税 10；分销商污染水平指数 θ_d = 1436/3500 = 0.410，同样适用基准碳税 10 元；制造商污染水平指数 θ_m = 32920/18000 = 1.829，大大高出可容忍范围，征税调整系数 α = [(θ − 1) × 100] = [(1.829 − 1) × 100] = 83，全部排放的碳税为 830 元。按照同样方法计算四种策略的污染水平指数、碳排放容忍度与对应级差碳税水平，见表 7.2，作为后文的计算基础。

表 7.2　　　　　　　四种策略下各成员碳排放指标及级差税率标准

	制造商			分销商			零售商		
	θ	λ	ξ	θ	λ	ξ	θ	λ	ξ
策略 I	1.829	λ_3	830	0.410	λ_1	10	0.594	λ_1	10
策略 II	1.829	λ_3	830	0.410	λ_1	10	4.743	λ_3	3740
策略 III	0.556	λ_1	10	0.027	λ_1	10	0.594	λ_1	10
策略 IV	1.292	λ_3	290	1.292	λ_3	290	1.292	λ_3	290

从表 7.2 中可以看出，在策略 II 下零售商的税率极高，除此之外，表 7.2 中的碳税水平与欧盟国家执行碳税水平相符。界定出各成员的适用税率以后，供应链运营结果发生明显变化。合作博弈使得制造商碳税水平从 830 元下降为 290 元，而其他成员税率水平却显著增加。依据各成员适用的税率水平，用同样的方法重新计算的级差税率下的决策结果发生明显的变化，求解过程见表 7.3，级差碳税下四种策略决策结果汇总于表 7.4 中。

表7.3 考虑碳税的合作博弈决策结果

n	t_m	t_d	t_r	b	Q_m	Q_r	TC_m	TC_d	TC_r	TC
1	0.076	0.081	0.081	0.054	618	618	121058	44444	131914	297416
2	0.087	0.095	0.048	0.033	723	361	86567	55550	85051	227168
3	**0.089**	**0.097**	**0.032**	**0.021**	**735**	**245**	**79631**	**60779**	**84542**	**224952**
4	0.092	0.104	0.026	0.016	784	196	73955	70891	82106	226953

表7.4 级差碳税下四种策略决策结果

	策略 I	策略 II	策略 III	策略 IV
n	3	1	3	3
t_m	0.113	0.113	0.171	0.089
t_d	0.173	0.265	0.173	0.097
t_r	0.058	0.265	0.058	0.032
b	0.041	0.176	0.041	0.021
Q_m	697	697	1134	735
Q_r	378	697	378	245
TC_m	89686	89686	112743	81631
TC_d	30800	14173	30800	59779
TC_r	76738	309919	76738	83542
TC	197225	413778	220281	224952

对比表7.4与表7.1，在不同碳税影响下，供应链各决策结果已发生明显变化。相比于无碳税约束情景，分销商的交付次数由5次变为3次，其他决策结果也发生改变。7个决策变量构成策略 IV 的成本表达，模型的凸性无法从理论上得到准确证明，但可以通过计算实验来验证模型的凹凸性。从计算过程中得出当迭代至第4次，单位总成本出现拐点。如图7.2所示，在 $n = 3$，$t_r = 0.032$ 处，供应链联合决策总成本最低，$TC = 224952$ 元，启发式运算结果说明了函数的凸性。

7.4.2 级差碳税与统一碳税下运营策略成本分析

使用级差碳税的计算结果得出一个意外的结论：在级差碳税下，供应链合作不一定能取得最优的结果。四种决策方式中，策略 IV 的总成本高于策略 I 和策略 III，这是由于零售商和分销商的初始碳税都是最低碳税10元，而制造商的碳税却高达830元，这种差距在合作博弈后供应链的碳税降为290元，制造商

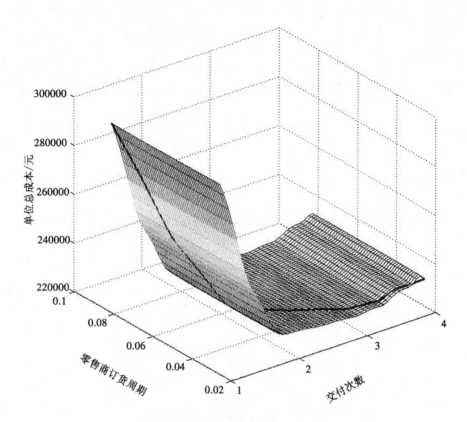

单位总成本/元

300000

280000

260000

240000

220000

0.1

0.08

0.06

0.04

0.02

零售商订货周期

交付次数

4

3

2

1

图7.2　级差碳税策略Ⅳ联合决策总成本凸性示意图

是合作博弈的最大受益者，制造商生产数量从 697 件增加为 735 件，而零售商的订货数量由 378 件下降为 245 件，零售商与分销商的税负增加抵消合作优势，导致策略Ⅳ比策略 I 的成本增加 224952 – 197225 = 27727 元，合作结果劣于独立决策。各成员的成本水平如图 7.3 所示。

图 7.3 显示出级差碳税下各成员的成本水平，策略Ⅱ中各零售商的成本水平增加最显著，而使策略Ⅱ的单位总成本水平最高。这是由于制造商作为博弈领导者将大批库存推至下游，零售商据此计算的污染水平指数上升而推高碳税所致。所以，在高碳税下，这种分散的主从博弈关系，使得处于供应链从属地位的成员利益严重受损。然而，策略Ⅲ的博弈结果却更让人满意，相比之下策略Ⅲ的污染水平指数始终最低，单位总成本也相对较低，显然，供应链下游成员作为供应链的领导者更有益。从供应链单位总成本曲线来看，策略Ⅳ的总成本并不是最低的，其他几个成员对于策略Ⅳ也表现出相同的变化，从中可以得出，在级差碳税下，合作博弈策略并没有为成员带来最大效益。

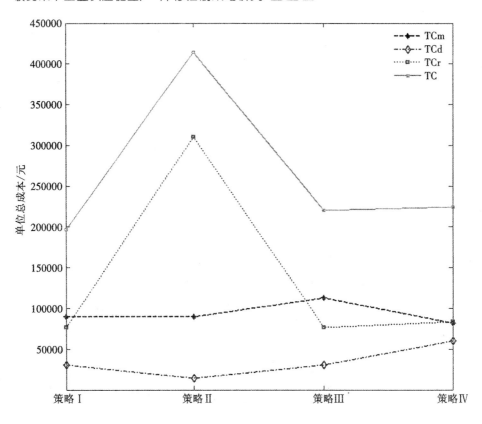

图7.3 级差碳税下各成员成本对比图

当级差税率浮动时，四种策略下供应链单位总成本变化趋势如图7.4所示。对比四种变化情景：第一，无碳税，即不存在碳排放约束；第二，现有税率水平降低30%，实行低税率管理；第三，现有税率水平增加30%，进而加重税负；第四，保持初始税率水平。在图7.4中，这四种税负之下四种策略成本变化趋势已经非常明显。第一，无论级差碳税税率怎样变化，采用策略Ⅱ时供应链单位总成本始终最高，这再一次证明了前面的结论，供应链上游企业作为领导者会加重其他成员的负担。第二，随着税率水平的升高，策略Ⅳ的成本曲线不断上升。在不征收碳税时，策略Ⅳ的成本最低，但级差税率变动改变了这一趋势，当现有税率水平降低30%时，策略Ⅳ的成本水平高于策略Ⅰ，然而当税率增加30%时，策略Ⅳ的成本明显高于策略Ⅰ和Ⅲ的成本水平，此时独立决策反而更利。在级差碳税下，合作博弈策略Ⅳ不具有明显的成本节约优势。

当征税调整系数 $\alpha = 1$ 时，级差碳税即转化为统一碳税。统一碳税是当前国内外关于碳税的研究文献中普遍采用的形式。为了便于研究比较，令 $\alpha = 1$，将上述级差碳税转化为统一碳税，设置高中低三个税率等级进行考察。沿用第

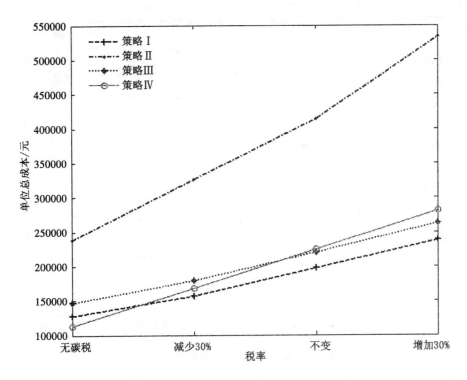

图7.4 级差碳税变化时四种策略成本对比图

5 章的计算标准，分别设定统一碳税为 $\zeta = 10$, $\zeta = 50$ 和 $\zeta = 100$ 元，并结合碳税 $= 0$，分析统一碳税税率水平高低变化对供应链成本及策略选择的影响。图 7.5 说明了四种统一碳税税率下供应链单位总成本的变化。

从图 7.5 中可以直观看出，碳税为 0 时，供应链单位总成本最低，与之相对的碳税为 100 元时，单位总成本最高。税率水平高低直接影响供应链成本水平，无论采用何种运营策略，税率水平越高，供应链的总成本就越高，统一税率与供应链总成本同方向变化，这与图 7.4 的变化趋势基本相同，税率高低对于供应链成本水平的影响不因为税率形式而改变。此外，四种税率水平下，制造商主导的策略Ⅱ的成本始终最高，也就是说，供应链上游企业作为供应链领导者不利于渠道协调，这一结果与前面结论一致。图 7.6 更直观地说明了税率水平与策略之间的关系。

从图 7.6 中可以得出明显结论：在统一碳税下，合作博弈策略Ⅳ的总成本水平最低，此时供应链具有成本协调优势，这是两种税率形式对供应链成本影响的最大区别。也就是说，统一碳税下，供应链能够发挥出合作优势，碳税从 0 增加至 100 元，策略Ⅳ的成本始终最低。而零售商主导的策略Ⅲ在碳税水平偏低时决策效果要好于独立决策。单纯从成本角度考察，统一碳税下如果能选择

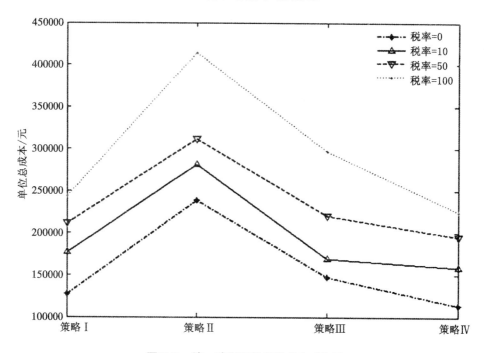

图 7.5 统一碳税下供应链成本对比图

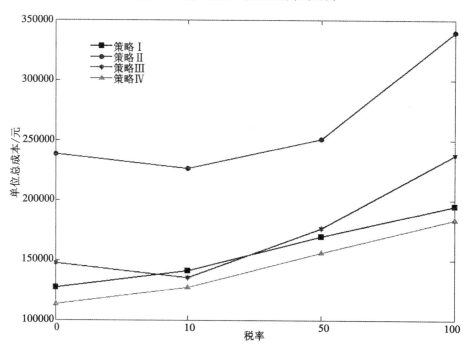

图 7.6 统一碳税下四种策略成本对比图

供应链合作策略，将会使各成员受益。

7.4.3　级差碳税与统一碳税下运营策略碳减排分析

两种碳税形式对于供应链碳排放水平的影响将在本节进行分析。不同税率形式是否会影响成员碳排放行为，税率变化对供应链碳排放总量的影响趋势将通过数值分析进一步讨论。

图 7.7 为四种级差税率下供应链碳排放总量示意图。从图中 7.7 可以看出，与前面成本变化趋势正好相反，碳税水平与供应链碳排放总量成反方向变化。当税率等于零时，碳税约束无效，此时供应链产生的碳排放总量最高；级差税率增加 30% 时，碳排放总量曲线最低。供应链碳排放总量曲线依照税率水平高低而成反向排列，这说明碳税水平能直接影响供应链碳排放总量，高税率在一定程度上能够减少碳排放。供应链四种策略的碳排放对比如图 7.8 所示。

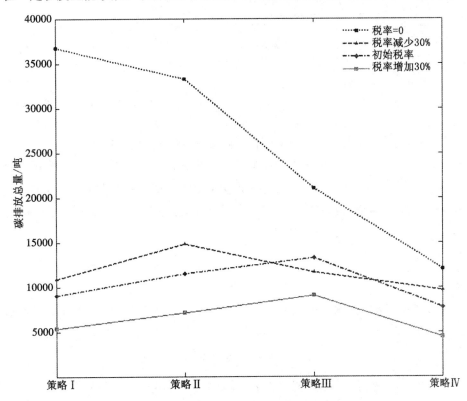

图 7.7　级差碳税下碳税波动对碳排放总量的影响

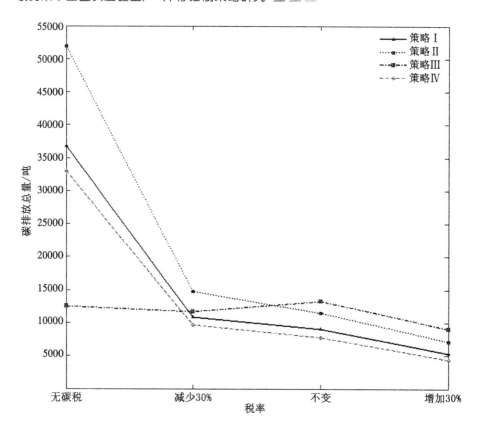

图7.8　级差碳税下四种策略碳排放总量对比图

图7.8对比了级差碳税下四种策略的碳排放总量，总体来看，策略Ⅳ的排放曲线最低(税率＝0时除外)，策略Ⅱ在税率较低时碳排放量最高，从图7.8中能得出最有效的结论，级差碳税下，碳税从减到增变化时，合作博弈策略Ⅳ具有协调碳排放的优势。

当使用统一碳税时，供应链碳排放总量变化与级差碳税不同，税率高低对碳排放影响如图7.9所示。

图7.9是统一碳税下供应链碳排放总量变化，与图7.7结果类似，随着碳税水平升高，排放量依次递减。当碳税为0时，供应链的排放总量最高，两个图形中，当碳税税率最高时，供应链的碳排放最少。由此可见，无论采用统一碳税还是级差碳税，都能有效减少供应链碳排放数量，只是两种税率形式在不同的决策方式下，发生作用的形式略有不同。级差碳税税率水平变化时，策略Ⅲ的碳排放数量波动明显，而在统一税率下，这种波动不再显著，供应链决策形式能影响供应链碳排放数量，统一碳税各种策略下碳排放总量变化如图7.10

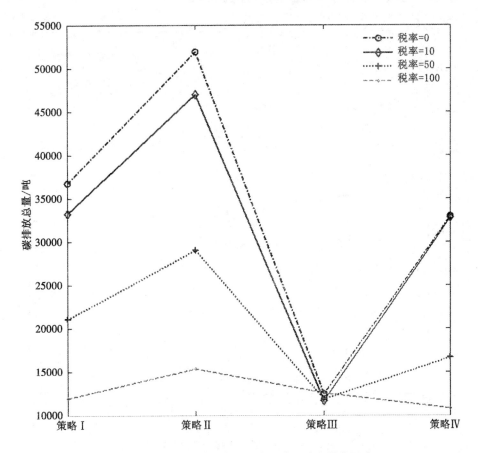

图 7.9 统一碳税下碳税波动对碳排放总量的影响

所示。

图 7.10 中策略 II 的排放总量最高，而策略 III 排放量最少，统一碳税下，合作博弈不一定具有碳排放协调优势，这是图 7.8 与图 7.10 的最大区别。对比两图排放曲线的下降趋势，从无碳税点到征税点之间，图 7.8 中碳排放总量曲线下降速度更快，整体下降呈先陡后平的趋势；而图 7.10 表现为先缓后急变化。这表明，低税率对供应链整体减排作用并不明显，比如级差税率上下浮动 30%，或统一税率从 0 增加到 10 时，供应链碳排放效果并不是十分显著。无论采用何种税率形式，调高税率才能真正控排。

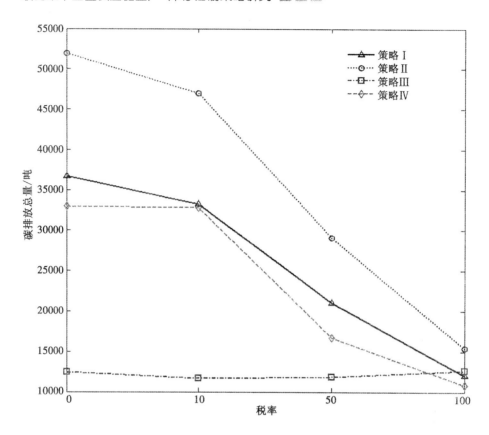

图 7.10　统一碳税下四种策略碳排放总量对比图

7.5　本章小结

　　本章通过计算实验探讨了两种碳税形式下三级供应链各成员生产–库存策略选择问题。依据各成员的竞争能力形成四种决策方式：独立决策、制造商主导的三级 Stackelberg 决策、零售商主导的三级 Stackelberg 决策和合作博弈决策，基于碳排放容忍度建立级差碳税，并构建四种生产–库存成本模型。通过数值分析对决策变量进行验证，对比级差碳税与统一碳税对供应链运营成本与碳排放水平的影响，得出以下研究结论：

　　① 征收碳税使供应链成本明显增加，制造商生产数量降低，分销商交付频率及零售商的库存持有水平都随之下降。无论采用何种碳税形式，碳税高低都直接影响供应链碳排放总量，低碳税水平对碳排放数量的控制效果不显著。

　　② 在级差碳税下，供应链合作博弈不再具有完全的成本节约优势，高碳税的转移，使得零售商与分销商的碳税升高，独立决策成本更优。然而，此种碳

税形式,能增加供应链合作减排价值,有效降低碳排放。在级差碳税下,从成本角度决策,策略 I 是最好的选择;从碳排放数量上看,策略 IV 更好。

③ 在统一碳税下,供应链合作博弈决策具有成本效益,碳税水平变化并不改变合作决策带来的成本节省,但此时合作博弈不一定具有碳排放优势,零售商领导的三级博弈策略的碳排放总量始终最低,相比之下,级差碳税能更有效地控制排放,却明显增加供应链成本。在统一碳税下,策略 IV 更有利于成本,策略 III 能有效降低排放。

④ 从成本与排放两个方面考虑,下游企业作为供应链领导者,更具有协调优势。

碳税已经在欧洲国家取得积极的实践成果,征收碳税是未来构建低碳社会的可行选择。本章对多级供应链常用的四种决策方式进行对比,研究碳税政策对供应链决策的影响,这对于不同能力的企业进行策略选择将是有益的指导。

第8章 结论与展望

　　人类社会正在经历着第四次以科技和产业为主导的革命——低碳革命，在这场人类变革中中国积极参与，承担起一个大国的义务，在保增长、促发展的同时推进中国的碳减排实践，因此关于碳约束下的供应链运作问题是非常有意义的研究课题。本书通过总量干预与价格干预两个视角，研究了两种碳减排约束机制即限额与交易机制、碳税机制下供应链生产－库存控制策略，由简入繁层层深入，书中主要工作、得出的管理结论、主要贡献以及研究展望等内容将在以下部分详述。

8.1 本书的主要工作及结论

　　本书的主要研究工作包括以下五个方面。

　　① 通过大量的文献梳理与理论分析，得出本书研究的文献与理论支撑，具体内容如下。

　　从国内外文献检索情况开始，得出文献研究发展趋势之后，对国内外相关研究文献进行分类详细阐述，从低碳供应链运营的相关研究起，分别总结了两种减排约束机制及其应用于生产－库存系统的研究内容，并对多级生产－库存研究文献进行梳理，从几个方面评析现存文献的贡献与不足之后，得出本书的研究启示。同时，说明本书研究内容所涉及的理论基础，概括低碳供应链的内涵及组成结构，从经济学角度分析限额与交易机制、碳税机制减排的作用机理，介绍与本书相关的生产－库存控制理论，这些工作为科学问题的建立与研究突破提供了坚实的基础。

　　② 给出了供应链生产－库存系统的碳排放因素度量与数学分析的基本方法，这一工作主要包括以下内容：

　　介绍碳排放限额的初始分配方法，引出碳排放强度概念；确定单个厂商及多级供应链中碳排放的核算边界，并对各种排放进行分类刻画与数学度量，建立一般的方法模型作为后文的研究基础；对限额与交易机制在单厂商及多级供应链中的运用进行数学描述；最后界定出本书碳税的计税基础，根据中国政府承诺的碳排放目标建立碳排放容忍度等级，以此设定级差碳税，与统一碳税一起作为本书碳税的两种基本形式，本部分的研究工作为全书碳排放因素分析与度量奠定了基础。

③ 研究了限额与交易机制、碳税机制下单厂商的生产–库存控制策略，研究工作主要涉及以下内容：

针对单个厂商在碳排放约束下的生产–库存控制问题，建立限额与交易机制、碳税机制下厂商生产–库存成本模型，此处仅考虑统一碳税形式，用数学命题分析两个成本模型的最优性，以及相关碳因素变化时的模型特征，用计算实验验证模型的有效性，并对碳限额、碳交易价格、碳税水平变化进行敏感性分析，对比两种减碳排约束机制对厂商运营的影响。

④ 研究了限额与交易机制下多层级多成员组成的供应链生产–库存控制策略，具体研究工作如下：

针对限额与交易机制下多级供应链的生产数量与订货批量协调优化问题建立数学模型，并进一步运用第 4 章提出的碳排放因素度量与分析方法。分别建立了限额与交易机制下多成员分散决策以及制造商集中决策模型，提出制造商利润补偿契约及模型求解方法。用计算实验对比限额与交易机制下供应链分散与集中两种决策效果，并对碳限额、碳交易价格变化作以敏感性分析，得出管理结论。

⑤ 研究了碳税机制下多级供应链生产–库存控制策略，主要研究工作包含以下内容：

扩展统一碳税形式，用级差碳税反映供应链碳排放水平高低，将之用于多层级多厂商的供应链中，并考虑供应链各成员的竞争能力，形成独立决策、制造商主导的非合作博弈决策、零售商主导的非合作博弈决策和合作博弈决策四种形式，建立碳税机制下四种生产–库存成本模型，用计算实验得出级差碳税对供应链生产与库存水平的影响，并通过税率高低变化比较级差碳税与统一碳税对供应链成本水平、碳排放水平的影响，得出两种碳税形式下供应链成员的生产–库存策略选择。

通过上述工作，得出本书的主要研究结论：

① 随着人们对于低碳理念的认知，考虑碳约束的供应链管理将会越来越受到关注。碳排放因素改变了传统供应链运作模式，深入探讨碳约束下的供应链管理，如何通过运作策略调整降低供应链碳排放，是供应链成员共同追求的目标。因此，碳减排约束机制下供应链生产–库存控制理论与方法研究是具有前沿性和挑战性的研究课题，具有丰富的理论意义与实践意义。

② 在一定条件下，通过订货数量与生产数量调整，限额与交易机制能够实现厂商成本最优，相比于无碳约束情景，厂商的生产批量减小、订货频率减少而订货数量增加，总成本也高于无碳约束的情形。碳税对单厂商决策的影响与碳交易价格变化的影响趋势相同，相比于限额与交易机制，在碳税机制下，厂商生产－库存总成本显著增加。

③ 限额与交易机制下，多级生产－库存系统的生产数量与库存水平均降低，碳约束下的多级供应链集中决策更具有成本节约优势。当碳交易价格确定时，政府免费分配限额越高，供应链总成本越低，碳限额变化不会直接作用于决策变量。然而，固定碳分配限额，碳交易价格变化时，全部决策变量都会受到影响，碳交易价格与供应链总成本同方向变化。初始限额的分配水平直接影响减排机制的执行效果，分配过高或过低都无法实现预期约束能力，相比于限额分配政策，交易机制的政策影响更加明显。所以，在中国的碳交易早期，应当以免费碳限额分配为基础，加大碳交易市场建设，充分发挥市场的调节作用，价格机制是更有利的控排杠杆。

④ 碳税机制下多级生产－库存系统的生产数量以及库存持有水平都降低。无论采用何种碳税形式，碳税水平升高时，供应链成本增加而碳排放数量减少，低碳税水平的控排效果不显著。在级差碳税下，供应链合作博弈不再具有完全的成本节约优势，但级差碳税能有效降低碳排放，增加供应链合作减排价值；与之相反，统一碳税下，供应链合作博弈决策却具有成本益处，而不具有碳减排优势。在碳税机制下，从成本与碳排放两个方面考虑，下游成员作为供应链领导者，更具有协调优势。

8.2 本书的主要贡献

本书对于两种碳约束机制下的供应链生产－库存控制问题进行了深入的理论分析，并用计算实验验证了模型有效性，得出相关管理结论，主要贡献有以下几个方面。

① 对碳减排约束机制下的供应链生产－库存控制问题进行了深入研究，丰富了低碳供应链理论。本书在梳理大量文献的基础之上，对限额与交易机制、碳税机制下的生产－库存控制问题进行了深入分析，系统地研究了两种机制下单厂商的生产－库存控制问题以及多层级多成员的生产－库存控制问题，而对既存文献中库存系统减排问题研究很少，或是将某种减排机制与供应链某一方面结合研究，将多种碳减排机制运用于生产－库存系统的研究几乎未见。因

此，本书的研究内容对于形成碳减排约束机制下供应链生产 – 库存控制理论与方法具有重要意义。

② 通过对两种碳减排约束机制进行分析，得出的管理见解能够为政府制定碳减排政策提供有益参考。经过模型分析得出：碳限额变化对厂商决策影响较不敏感，而碳交易价格变动影响更加显著。因此，政府应该以适当的碳限额分配政策为基础，大力发展碳交易市场的控排作用。碳税水平较低时，很难发挥出价格的调节作用，与排放水平相关的级差碳税减排能力更高，所以政府在设计碳税机制时，要设置具有一定约束的碳税税率，可考虑设计与排放总量相联系的碳税形式，而不是采用一刀切，这样更有利于减排。

③ 两种约束机制下生产 – 库存控制方法，对于企业碳约束下的生产 – 库存运作实践有一定的指导意义。相比于无碳约束情景，两种碳减排约束机制下供应链运行成本增加，为满足碳减排约束，供应链成员的生产数量与库存持有水平均减少，碳因素变化会对企业决策结果产生重大影响，从单厂商运行结果来看，限额与交易机制对企业更加有利。

④ 本书提出的碳排放因素度量与数学刻画方法，可为考虑碳因素的决策问题提供一般参考。在国内外研究文献中，碳信托公司提出的碳足迹核算方法经常应用于实证研究中，而通过数学模型度量与刻画供应链碳排放因素的研究很少见到，本书提出的单厂商及多级供应链碳排放的一般度量方法，可应用到更多碳减排领域。

8.3　本书研究的局限

由于环境及个人能力等原因，本书的工作尚存在一些局限，主要表现在以下几个方面。

① 由于个人能力不足，本书只研究了限额与交易机制、碳税两种机制下的供应链生产 – 库存控制问题，在研究方法上以数学分析为主，所建立的数学模型能够说明基本问题，但并不涉及更复杂的求解模型与算法，这使得本书的研究工作更多体现了探索性与尝试性。

② 在应用层面，由于研究条件的限制，可得到的具体碳排放数据有限，所以计算实验中碳排放数据主要参考国外文献或行业标准估算得到，可以表现出碳排放的一般趋势，具有一定的参考价值，但不能非常准确反映出实际数据的分析与应用。

8.4 进一步研究的展望

限额与交易机制、碳税机制是学术研究以及实践上采用最多的减排约束机制，本书主要将这两种约束机制用于供应链生产-库存系统，相比于无穷的学术研究，本书所作的工作依然有限，而且考虑碳减排的供应链运作问题是最近几年新兴的研究方向，具有广阔的探索空间，需要在深度上不断深入。

① 可以从政策层面不断加深。在本书基础上，对碳减排约束机制进行深入研究，探讨应用于供应链层面的碳限额分配方法，考察是否存在一条碳限额分配曲线，设计出更加合理的碳税机制，既能符合政策监管要求，又能兼顾供应链成员利益。

② 可以分析这两种约束机制下供应链整体碳排放控制问题，除了生产与库存环节之外，其他供应链组成部分依然会涉及碳减排问题，本书研究内容提供了基本的参考，对于更多环节减排，问题复杂程度必然增加，得出复杂供应链有效的减排运作理论方法，对低碳供应链管理具有重要意义。

③ 可以引入更多的碳减排约束机制到供应链运作中，比如强制限额、碳补偿机制等在供应链减排实践中如何运用。还可以将更多的研究模型及算法应用于此类问题研究中，这些内容将在以后漫长的研究工作中不断深入。

参考文献

[1]王铮,朱永彬,王丽娟等.中国碳排放控制策略研究[M].北京:科学出版社, 2013:1-3.

[2]张立国,李东,周德群.中国物流业二氧化碳排放绩效的动态变化及区域差 异:基于省级面板数据的实证分析[J].系统工程,2013,31(4):95-102.

[3]欧阳强斌,吴艳红.物流业能源消耗碳排放量分析及低碳化策略[J].金融经 济,2013(18):183-185.

[4]王维国,马越越.中国区域物流产业效率:基于三阶段 DEA 模型的 Malmquist-luenberger 指数方法[J].系统工程,2012,30(3):66-75.

[5]怀铁铮.低碳化:中国的出路与对策[M].北京:人民出版社,2013:34-39.

[6]肖钢,常乐.二氧化碳:可持续发展的双刃剑[M].武汉:武汉大学出版社, 2012:4-5.

[7]中国科学院可持续发展战略研究组.2009 中国可持续发展战略报告:探索中 国特色的低碳道路[M].北京:科学出版社,2009,12.

[8]SONG J P,LENG M M. Analysis of the single-period problem under carbon emis-sion policies[M]//International Series in Operations Research & Management Science. New York:Spinger 2012,176(2):297-312.

[9]彭峰,邵诗洋.欧盟碳排放交易制度:最新动向及对中国之镜鉴[J].中国地 质大学学报(社会科学版),2012,12(5):41-48.

[10]周宏春.低碳经济学:低碳经济理论与发展路径[M].北京:机械工业出版 社,2012:289-292.

[11]BARANZINI A,GOLDEMBERG J,SPECK S. A future for carbon taxes[J]. Ec-ological Economics,2000,32(3):395-412.

[12]陈韩晖,高国辉.中国首例碳排放权配额交易成交[N].南方日报,2012-9 -12(A07).

[13]陈剑.低碳供应链管理研究[J].系统管理学报,2012,21(6):721-728.

[14]PLAMBECK E L. Reducing greenhouse gas emissions through operations and supply chain management[J]. Energy Economics,2012,34(3):64-74.

[15] SARKIS J Q, ZHU K, LAI H. An organizational theoretic review of green supply chain management literature [J]. International Journal of Production Economics, 2011, 130(1): 1 – 15.

[16] SRIVASTAVA S K. Green supply-chain management: a state-of-the-art literature review [J]. International Journal of Management Reviews, 2007, 9(1): 53 – 80.

[17] 徐伟,郑燕飞. 绿色供应链管理中有举报行为的政企博弈分析[J]. 中国管理科学, 2008, 16(S1): 450 – 454.

[18] 朱庆华,窦一杰. 基于政府补贴分析的绿色供应链管理博弈模型[J]. 管理科学学报, 2011, 14(6): 86 – 95.

[19] DEKKER R, BLOEMHOF J, MALLIDIS I. Operations research for green logistics: An overview of aspects, issues, contributions and challenges [J]. European Journal of Operational Research, 2012, 219(3): 671 – 679.

[20] GUILLEN-GOSALBEZ G, GROSSMANN I E. Optimal design and planning of sustainable chemical supply chains under uncertainty [J]. American Institute of Chemical Engineers, 2009, 55(1): 99 – 121.

[21] SHEUA J B, CHEN Y J. Impact of government financial intervention on competition among green supply chains [J]. International Journal of Production Economics, 2012, 138(1): 201 – 213.

[22] GHOSH D, SHAH J. A comparative analysis of greening policies across supply chain structures [J]. International Journal of Production Economics, 2012, 135(2): 568 – 583.

[23] LIU Z G, ANDERSON T D, CRUZ J M. Consumer environmental awareness and competition in two-stage supply chains [J]. European Journal of Operational Research, 2012, 218(3): 602 – 613.

[24] KOH S C L, GUNASEKARAN A, TSENG C S. Cross-tier ripple and indirect effects of directives WEEE and RoHS on greening a supply chain [J]. International Journal of Production Economics, 2012, 140(1): 305 – 317.

[25] GIOVANNI P D, VINZI V E. Covariance versus component-based estimations of performance in green supply chain management [J]. EUROPEAN Journal of Production Economics, 2012, 135(2): 907 – 916.

[26] ZHANG C T, LIU L P. Research on coordination mechanism in three-level green supply chain under non-cooperative game [J]. Applied Mathematical Modelling, 2013, 37(5): 3369 – 3379.

[27] CHAN C K, LEE Y C E, CAMPBELL J F. Environmental performance: Impacts of vendor-buyer coordination [J]. International Journal of Production Economics, 2013, 145(2): 683 – 695.

[28] 曹東, 吴晓波, 周根贵. 不对称信息下绿色采购激励机制设计[J]. 系统工程理论与实践, 2013, 33(1): 106 – 116.

[29] RUIZ-FEMENIA R, GUILLEN-GOSALBEZ G, JIMENEZ L, et al. Multi-objective optimization of environmentally conscious chemical supply chains under demand uncertainty [J]. Chemical Engineering Science, 2013, 95(3): 1 – 11.

[30] PALMER A. The development of an integrated routing and carbon dioxide emissions model for goods vehicles [D]. England: Cranfield University, 2007.

[31] KIM N S, JANIC M, WEE B V. Trade-off between carbon dioxide emissions and logistics costs based on multiobjective optimization [J]. Journal of the Transportation Research Board, 2009, 2139: 107 – 116.

[32] KIM N S, WEE B V. Assessment of CO_2 emissions for truck-only and rail-based intermodal freight systems in Europe [J]. Transportation Planning and Technology, 2009, 32(4): 313 – 333.

[33] SATHAYE N, HORVATH A, MADANAT S. Unintended impacts of increased truck loads on pavement supply-chain emissions [J]. Transportation Research Part A: Policy and Practice, 2010, 44(1): 1 – 15.

[34] CACHON G P. Supply chain design and the cost of greenhouse gas emissions. University of Pennsylvania, USA, 2011.

[35] BEKTAS T, LAPORTE G. The pollution-routing problem [J]. Transportation Research Part B: Methodological, 2011, 45(8): 1232 – 1250.

[36] SHAW K, SHANKAR R, YADAV S S, et al. Modeling a low-carbon garment supply chain [J]. Production Planning & Control: The Management of Operations, 2013, 24(8/9): 851 – 865.

[37] PAN S, BALLOT E, FONTANE F. The reduction of greenhouse gas emissions from freight transport by pooling supply chains [J]. International Journal of Production Economics, 2013, 143: 86 – 94.

[38] DEMIR E, BEKTAS T, LAPORTE G. The bi-objective pollution-routing problem [J]. European Journal of Operational Research, 2014, 232(3): 464 – 478.

[39] HOEN K M R, TAN T, FRANSON J C, et al. Effect of carbon emission regulations on transport mode selection under stochastic demand[J]. Flexible Services

and Manufacturing Journal,2014,26(1/2):170-196.

[40] BALLOTA E,FONTANE F. Reducing transportation CO_2 emissions through pooling of supply networks:perspectives from a case study in French retail chains [J]. Production Planning & Control,2010,21(6):640-650.

[41] HARRIS I,NAIM M,PALMER A. Assessing the impact of cost optimization based on infrastructure modelling on CO_2 emissions [J]. International Journal of Production Economics,2011,131(11):313-321.

[42] MALLIDIS I,DEKKER R,VALCHOS D. The impact of greening on supply chain design and cost:a case for a developing region [J]. Journal of Transport Geography,2012,22:118-128.

[43] LEE K H. Integrating carbon footprint into supply chain management:the case of Hyundai Motor Company(HMC) in the automobile industry [J]. Journal of Cleaner Production,2011,19(11):1216-1223.

[44] KUMAR A,JAIN V,KUMAR S. A comprehensive environment friendly approach for supplier selection[J]. Omega,2014,42(1):109-123.

[45] WU P,JIN Y,SHI Y J. The impact of carbon emission considerations on manufacturing value chain relocation [C]. EUROMA,2011.

[46] REILLY J,MAYER M,HARNISCH J. The Kyoto Protocol and non-CO_2 greenhouse gases and carbon sinks [J]. Environmental Modeling and Assessment, 2002,7(14):217-229.

[47] SUNDARAKANI B,SOUZA R D,GOH M,et al. Modeling carbon footprints across the supply chain [J]. International Journal of Production Economics, 2010,128(1):43-50.

[48] GUO J H,HEPBURN C J,TOL R S J,ANTHOFF D. Discounting and the social cost of carbon:a closer look at uncertainty [J]. Environmental Science & Policy,2006,9(3):205-216.

[49] ISLEGEN Ö,REICHELSTEIN S. Carbon capture by fossil fuel power plants:an economic analysis [J]. Management Science,2011,57(1):21-39.

[50] BENEDETTO L D,KLEMES J. The environmental performance strategy map:an integrated LCA approach to support the strategic decision-making process [J]. Journal of Cleaner Production,2009,17(10):900-906.

[51] MCKINNON A C. Product-level carbon auditing of supply chains:environmental imperative or wasteful distraction? [J]. International Journal of Physical Distri-

bution & Logistics Management,2010,40(112):42 - 60.

[52]黄守军,任玉珑,孙睿,申威. 基于碳减排调度的激励性厂网合作竞价机制设计[J]. 中国管理科学,2011,19(5):138 - 146.

[53]ABDALLAH T,FARHAT A,DIABAT A,et al. Green supply chains with carbon trading and environmental sourcing:formulation and life cycle assessment [J]. Applied Mathematical Modelling,2012,36(9):4271 - 4285.

[54]谢鑫鹏,赵道致. 低碳供应链企业减排合作策略研究[J]. 管理科学,2013, 26(3):108 - 119.

[55]AGRAWAL V V,ülkü S. The role of modular upgradability as a green design Strategy [J]. Manufacturing & Service Operations Management,2013,15(4): 640 - 648.

[56]DORMER A,FINN D P,WARD P,et al. Carbon footprint analysis in plastics manufacturing [J]. Journal of Cleaner Production,2013,51:133 - 141.

[57]JOHNSON E,TSCHUDI D. Baseline effects on carbon footprints of biofuels:the case of wood [J]. Environmental Impact Assessment Review,2012,37:12 - 17.

[58]WANG F,LAI X F,SHI N. A multi-objective optimization for green supply chain network design [J]. Decision Support Systems,2011,51(2):262 - 269.

[59]CARO F,CORBETT C J,TAN T,et al. Double counting in supply chain carbon footprinting [J]. Manufacturing & Service Operations Management, 2013, 15 (4):545 - 558.

[60]MÓZNER Z V. A consumption-based approach to carbon emission accounting: sectoral differences and environmental benefits [J]. Journal of Cleaner Production,2013,42:83 - 95.

[61]谢鑫鹏,赵道致. 零供两级低碳供应链减排与促销决策机制研究[J]. 西北工业大学学报(社会科学版),2013,33(1):57 - 62.

[62]王芹鹏,赵道致. 两级供应链减排与促销的合作策略[J]. 控制与决策, 2014,29(2):307 - 314.

[63]PANG M M,PUN M Y,CHOW W S,et al. Carbon footprint calculation for thermoformed starch-filled polypropylene biobased materials [J]. Journal of Cleaner Production,2014,64(2):602 - 608.

[64]SORRELL S,SIJM J. Carbon trading in the policy mix [J]. Oxford Review of Economic Policy,2003,19(3):420 - 437.

[65]DOBOS I. The effects of emission trading on production and inventories in the

Arrow-Karlin model [J]. International Journal of Production Economics,2005, 93 – 94:301 – 308.

[66]DOBOS I. Tradable permits and production-inventory strategies of the firm [J]. International Journal of Production Economics,2007,108(112):329 – 333.

[67]MONNI S,SYSI S,PIPATTI R,et al. Extension of EU emissions trading scheme to other sectors and gases:Consequences for uncertainty of total tradable amount [J]. Water,Air,& Soil Pollut:Focus,2007,7(4/5):529 – 538.

[68]SADEGHEIH A. A novel formulation of carbon emissions costs for optimal design configuration of system transmission planning [J]. Renewable Energy, 2010,35(5):1091 – 1097.

[69]SADEGHEIH A. Optimal design methodologies under the carbon emission trading program using MIP,GA,SA,and TS [J]. Renewable and Sustainable Energy Reviews,2011,15(1):504 – 513.

[70]SADEGHEIH A,DRAKE P R,LI D,et al. Global supply chain management under the carbon emission trading program using mixed integer programming and genetic algorithm [J]. International Journal of Engineering,Transactions B:Applications,2011,24(1):37 – 53.

[71]CHAABANE A,RAMUDHIN A,PAQUET M. Design of sustainable supply chains under the emission trading scheme [J]. International Journal of Production Economics,2012,135(1):37 – 49.

[72]GIAROLA S,SHAH N,BEZZO F. A comprehensive approach to the design of ethanol supply chains including carbon trading effects [J]. Bioresource Technology,2012,107:175 – 185.

[73]GONG X T,ZHOU S X. Optimal production planning with emissions trading [J]. Operations Research,2013,61(4):908 – 924.

[74]李昊,赵道致.碳排放权交易机制对供应链影响的仿真研究[J].科学学与科学技术管理,2012,33(11):117 – 123.

[75]范体军,杨鉴,骆瑞玲.碳排放交易机制下减排技术投资的生产库存[J].北京理工大学学报(社会科学版),2012,14(6):14 – 21.

[76]计国君,张庭溢.基于碳交易规制的易腐品订货决策研究[J].统计与决策,2013(9):52 – 55.

[77]曾少军.碳减排:中国经验 基于清洁发展机制的考察[M].北京:社会科学文献出版社,2010,37 – 38.

[78] RAMUDHIN A, CHAABANE A, Paquet M. On the design of sustainable, green supply chains[C]. International Conference on computers Industrial Engineering, 2009:979 – 984.

[79] CHOLETTE S, VENKAT K. The energy and carbon intensity of wine distribution: a study of logistical options for delivering wine to consumers [J]. Journal of Cleaner Production, 2009, 17(16):1401 – 1413.

[80] DIABAT A, SIMCHI-LEVI D. A Carbon-capped supply chain network problem [C]. International Conference on Industrial Engineering and Engineering Management, 2009:523 – 527.

[81] 杜少甫, 董骏峰, 梁樑, 等. 考虑排放许可与交易的生产优化[J]. 中国管理科学, 2009, 17(3):81 – 86.

[82] HUA G W, CHENG T C E, WANG S Y. Managing carbon footprints in inventory management [J]. International Journal of Production Economics, 2011, 132(2): 178 – 185.

[83] KROES J, SUBRAMANIAN R, SUBRAMANYAM R. Operational compliance levers, environmental performance, and firm performance under cap and trade regulation [J]. Manufacturing & Service Operations Management, 2012, 14(2): 186 – 201.

[84] 付秋芳, 忻莉燕, 马健瑛. 考虑碳排放权的二级供应链碳减排 Stackelberg 模型[J]. 工业工程, 2013, 16(2):41 – 47.

[85] 赵道致, 吕金鑫. 考虑碳排放权限制与交易的供应链整体低碳化策略[J]. 工业工程与管理, 2012, 17(5):65 – 71.

[86] 高振娟, 赵道致. 基于碳交易的供应链碳资产质押融资模式探析[J]. 软科学, 2013, 27(11):98 – 106.

[87] BENJAAFAR S, LI Y, DASKIN M. Carbon footprint and the management of supply chains: insights from simple models[J]. IEEE Transactions on Automation Science and Engineering, 2013, 10(1):99 – 116.

[88] ZHANG B, XU L. Multi-item production planning with carbon cap and trade mechanism [J]. International Journal of Production Economics, 2013, 144(1): 118 – 127.

[89] DOBOS I. Production-inventory control under environmental constraints [J]. International Journal of Production Economics, 1998, 56 – 57:123 – 131.

[90] 李寿德, 郭俊华, 顾孟迪. 基于跨期间排污权交易的厂商生产/库存模型

[J].上海交通大学学报,2009,43(9):1366-1368.

[91]LI S D,GU M D. The effect of emission permit trading with banking on firm's production-inventory strategies [J]. International Journal of Production Economics,2012,137(2):304-308.

[92]LI S D. Emission permit banking,pollution abatement and production - inventory control of the firm [J]. International Journal of Production Economics,2013, 146(2):679-685.

[93]ABSI N,DAUZÉRE-PÉRÉS S,KEDAD-SIDHOUM S,et al. Lot sizing with carbon emission constraints[J]. European Journal of Operational Research,2013, 227(1):55-61.

[94]BRITO A J,ALMEIDA A T D. Modeling a multi-attribute utility newsvendor with partial backlogging [J]. European Journal of Operational Research,2012, 220(3):820-830.

[95]BONNEY M,JABER M Y. Environmentally responsible inventory models:non-classical models for a non-classical era [J]. International Journal of Production Economics,2011,133(1):43-53.

[96]WAHAB M I M,MAMUN S M H,ONGKUNARUK P. EOQ models for a coordinated two-level international supply chain considering imperfect items and environmental impact [J]. International Journal of Production Economics,2011,134 (1):151-158.

[97]BOUCHERY Y,GHAFFARI A,JEMAI Z,et al. Including sustainability criteria into inventory models [J]. European Journal of Operational Research,2012,222 (2):229-240.

[98]CHEN X,BENJAAFAR S,ELOMRI A. The carbon-constrained EOQ[J]. Operations Research Letters,2013,41(2):172-179.

[99]杨姝影,蔡博峰,曹淑艳.二氧化碳总量控制区域分配方法研究[M].北京:化学工业出版社,2012:15-17.

[100]BARKER T,BAYLIS S,MADSEN P. A UK carbon energy tax:the macroeconomics effects [J]. Energy Policy,1993,21(3):296-308.

[101]HERBER B P,RAGA J T. An international carbon tax to combat global warming:an economic and political analysis of the European Union proposal [J]. The American Journal of Economics and Sociology,1995,54(3):257-267.

[102]LUTTER R,SHOGREN J F. Tradable permit tariffs:how local air pollution af-

fects carbon emissions permit trading [J]. Land Economics,2002,78(2):159 —170.

[103]高鹏飞,陈文颖.碳税与碳排放[J].清华大学学报(自然科学版),2002,42 (10):1335 – 1338.

[104]BRUVOLL A,LARSEN B M. Greenhouse gas emissions in Norway:do carbon taxes work? [J]. Energy Policy,2004,32(4):493 –505.

[105]METCALF G E. Corporate tax reform paying the bills with a carbon tax [J]. Public Finance Review,2007,35(3):440 – 459.

[106]朱永彬,刘晓,王铮.碳税政策的减排效果及其对我国经济的影响分析 [J].中国软科学,2010(4):1 – 10.

[107]乔晗,李自然.碳税政策国际比较与效率分析[J].管理评论,2010,22(6): 85 –92.

[108]WEI Z X,LI W J,WANG T. the impacts and countermeasures of levying car- bon tax in China under Low-carbon economy [J]. Energy Procedia,2011,5: 1968 – 1973.

[109]刘洁,李文.征收碳税对中国经济影响的实证[J].中国人口·资源与环 境,2011,21(9):99 – 103.

[110]李永刚.中国开征碳税的无险性分析—兼议碳税设计[J].中央财经大学 学报,2012(2):1 –6.

[111]赵玉焕,范静文.碳税对能源密集型产业国际竞争力影响研究[J].中国人 口·资源与环境,2012,22(6):45 – 51.

[112]BABIKER M H,CRIQUI P,ELLERMAN A D,et al. Assessing the impact of carbon tax differentiation in the European Union [J]. Environmental Modeling and Assessment,2003,8(3):187 – 197.

[113]MOGHADDAM R F,MOGHADDAM F F,CHERIET M. A modified GHG in- tensity indicator:Toward a sustainable global economy based on a carbon bor- der tax and emissions trading [J]. Energy Policy,2013,57:363 – 380.

[114]FLOROS N,VLACHOU A. Energy demand and energy-related CO_2 emissions in Greek manufacturing:assessing the impact of a carbon tax [J]. Energy Eco- nomics,2005,27(3):387 – 413.

[115]LEE F C,LIN S J,LEWIS C,et al. Effects of carbon taxes on different indus- tries by fuzzy goal programming:a case study of the petrochemical-related in- dustries,Taiwan [J]. Energy Policy,2007,35(8):4051 – 4058.

[116]LEE F C,LIN S J,LEWIS C. Analysis of the impacts of combining carbon taxation and emission trading on different industry sectors [J]. Energy Policy, 2008,36(2):722-729.

[117]WANG X,LI J F,ZHANG Y X. An analysis on the short-term sectoral competitiveness impact of carbon tax in China [J]. Energy Policy,2011,39(7):4144-4152.

[118]付丽苹,刘爱东.征收碳税对高碳企业转型的激励模型[J].系统工程,2012,30(7):94-98.

[119]李长胜,范英,朱磊.基于两阶段博弈模型的钢铁行业碳强度减排机制研究[J].中国管理科学,2012,20(2):93-101.

[120]BORDIGONI M,HITA A,BLANC G L. Role of embodied energy in the European manufacturing industry:application to short-term impacts of a carbon tax [J]. Energy Policy,2012,43:335-350.

[121]石敏俊,袁永娜,周晟吕,等.碳减排政策:碳税、碳交易还是两者兼之?[J].管理科学学报,2013,16(9):9-19.

[122]BRAND C,ANABLE J,TRAN M. Accelerating the transformation to a low carbon passenger transport system:the role of car purchase taxes,feebates,road taxes and scrappage incentives in the UK [J]. Transportation Research Part A: Policy and Practice,2013,49:132-148.

[123]崔连标,朱磊,范英.碳关税背景下中国主动减排策略可行性分析[J].管理科学,2013,26(1):101-111.

[124]乔晗,宋楠,高红伟.关于欧盟航空碳税应对策略的 Stackelberg 博弈模型分析[J].系统工程理论与实践,2014,34(1):158-167.

[125]WIRL F. Evaluation of management strategies under environmental constraints [J]. European Journal of Operational Research,1991,55(2):191-200.

[126]PENKUHN T,SPENGLER T,PÜCHERT H,et al. Environmental integrated production planning for the ammonia synthesis [J]. European Journal of Operational Research,1997(2),97:327-336.

[127]DOBOS I. Production strategies under environmental constraints in an Arrow-Karlin model [J]. International Journal of Production Economics,1999,59(113):337-340.

[128]LETMATHE P,BALAKRISHNAN N. Environmental considerations on the optimal product mix [J]. European Journal of Operational Research,2005,167

(2):398 –412.

[129]NAGURNEY A,LIU Z G,WOOLLEY T. Optimal endogenous carbon taxes for electric power supply chains with power plants [J]. Mathematical and Computer Modelling,2006,44(9/10):899 –916.

[130]CHEN C,MONAHAN G E. Environmental safety stock:the impacts of regulatory and voluntary control policies on production planning,inventory control,and environmental performance [J]. European Journal of Operational Research,2010,207(3):1280 –1292.

[131]ZHAO R,NEIGHBOUR G,HAN J J,et al. Using game theory to de scribe strategy selection for environmental risk and carbon emissions reduction in the green supply chain [J]. Journal of Loss Prevention in the Process Industries,2012,25(6):927 –936.

[132]杨珺,李金宝,卢巍. 系统动力学的碳排放政策对供应链影响[J]. 工业工程与管理,2012,17(4):21 –30.

[133]RIZET C,BROWNE M,CORNELIS E,et al. Assessing carbon footprint and energy efficiency in competing supply chains:review-case studies and benchmarking [J]. Transportation Research Part D:Transport and Environment,2012,17:293 –300.

[134]DU S F,ZHU L L,LIANG L,et al. Emission-dependent supply chain and environment- policy-making in the 'cap-and-trade' system [J]. Energy Policy,2013,57:61 –67.

[135]AVINERI E,WAYGOOD E O D. Applying valence framing to enhance the effect of information on transport-related carbon dioxide emissions [J]. Transportation Research Part A:Policy and Practice,2013,48:31 –38.

[136]ROSIC H,JAMMERNEGG W. The economic and environmental performance of dual sourcing:a newsvendor approach [J]. International Journal of Production Economics,2013,143(1):109 –119.

[137]CHUNG S H,WEAVER R D,FRIESZ T L. Strategic response to pollution taxes in supply chain networks:dynamic,spatial,and organizational dimensions [J]. European Journal of Operational Research,2013,231(2):314 –327.

[138]KRASS D,NEDOREZOV T,OVCHINNIKOV A. Environmental taxes and the choice of green technology [J]. Production and Operations Management Society,2013,22(5):1035 –1055.

[139]CHOI T M. Local sourcing and fashion quick response system: the impacts of carbon footprint tax [J]. Transportation Research Part E: Logistics and Transportation Review,2013,55:43 − 54.

[140]黄菲. 基于排污税的易腐品生产库存系统最优生产率控制[J]. 系统管理学报,2013,22(6):850 − 854.

[141]李媛,赵道致. 低碳供应链中政府监管企业减排的演化博弈模型[J]. 天津大学学报(社会科学版),2013,15(3):193 − 197.

[142]CLARK A J,SCARF H. Optimal policies for a multi-echelon inventory problem [J]. Management Science,1960,6(4):475 − 490.

[143]FEDERGRUEN A, ZIPKIN P. Computational issues in an infinite horizon, multi-echelon inventory model [J]. Operations Research,1984,32(4):818 − 836.

[144]CHEN F, ZHENG Y S. Lower bounds for multi-echelon stochastic inventory systems [J]. Management Science,1994,40(11):1426 − 1443.

[145]CHEN F, ZHENG Y S. Evaluating echelon stock(R,nQ)policies in serial production/ inventory systems with stochastic demand [J]. Management Science, 1994,40(10):1262 − 1275.

[146]HOUTUM G J V, INDERFURTH K, ZIJM W H M. Materials coordination in stochastic multi-echelon systems [J]. European Journal of Operational Research,1996,95(1):1 − 23.

[147]CHEN F, ZHENG Y S. One-warehouse multi-retailer systems with centralized stock information [J]. Operations Research,1997,45(2):275 − 287.

[148]MUHARREMOGLU A,TSITSIKLIS J N. A single-unit decomposition approach to multiechelon inventory systems [J]. Operations Research,2008,56(5): 1089 − 1103.

[149]ANGELUS A. A multiechelon inventory problem with secondary market sales [J]. Management Science,2011,57(12):2145 − 2162.

[150]KALCHSCHMIDT M,ZOTTERI G, VERGANTI R. Inventory management in a multi-echelon spare parts supply chain [J]. International Journal of Production Economics,2003,81 − 82:397 − 413.

[151]侯玉梅. 简单生产 − 库存系统的优化控制[J]. 系统工程理论与实践,2003 (4):1 − 6.

[152]LAM S W,TANG L C. Multiobjective vendor allocation in multiechelon inven-

tory systems:a spreadsheet model[J]. Journal of the Operational Research Society,2006,57(5):561 –578.

[153]卫忠,徐晓飞,战德臣,等. 协同供应链多级库存控制的多目标优化模型及其求解方法[J]. 自动化学报,2007,33(2):181 –187.

[154]PARK S,LEE T E,SUNG C S. A three-level supply chain network design model with risk-pooling and lead times[J]. Transportation Research Part E:logistics and Transportation Review,2010,46(5):563 –581.

[155]李群霞,张群. 考虑缺货和缺陷品的模糊生产库存模型的优化求解[J]. 系统工程理论与实践,2011,31(3):480 –487.

[156]TANCREZ J S,LANGE J C,SEMAL P. A location-inventory model for large three-level supply chains[J]. Transportation Research Part E:Logistics and Transportation Review,2012,48(2):485 –502.

[157]EFENDIGIL T,ÖNÜT S. An integration methodology based on fuzzy inference systems and neural approaches for multi-stage supply-chains[J]. Computers & Industrial Engineering,2012,62(2):554 –569.

[158]Cardenas-BARRON L E,TENG J T,TREVINO-GARZA G,et al. An improved algorithm and solution on an integrated production-inventory model in a three-layer supply chain[J]. International Journal of Production Economics,2012,136(2):384 –388.

[159]GUCHHAIT P,MAITI M K,MAITI M. Production-inventory models for a damageable item with variable demands and inventory costs in an imperfect production process[J]. International Journal of Production Economics,2013,144(1):180 –188.

[160]KOVACS A,EGRI P,KIS T,et al. Inventory control in supply chains:alternative approaches to a two-stage lot-sizing problem[J]. International Journal of Production Economics,2013,143(2):385 –394.

[161]刘永胜,李敏强. 供应链库存协调策略研究[J]. 中国管理科学,2004,12(2):49 –55.

[162]JABER M Y,OSMAN I H,GUIFFRIDA A L. Coordinating a three-level supply chain with price discounts,price dependent demand,and profit sharing[J]. International Journal of Integrated Supply Management,2006,2(112):28 –48.

[163]王圣东. 单供货商多销售商联合生产库存模型[J]. 系统工程学报,2006,21(1):92 –96.

[164] LEE J H, MOON K. Coordinated inventory models with compensation policy in a three level supply chain [J]. Lecture Notes in Computer Science, 2006, 3982:600 - 609.

[165] 夏海洋,黄培清. 随机需求下提前期可控的生产 - 库存联合优化模型[J]. 控制与决策,2008,23(6):631 - 636.

[166] 彭红军,周梅华. 两级生产与需求不确定的供应链生产订购决策[J]. 系统工程学报,2010,25(5):622 - 628.

[167] SANA S S. A collaborating inventory model in a supply chain [J]. Economic Modelling,2012,29(5):2016 - 2023.

[168] ROY A, SANA S S, CHAUDHURI K. Optimal replenishment order for uncertain demand in three layer supply chain [J]. Economic Modelling, 2012, 29(6):2274 - 2282.

[169] HE Y, ZHAO X. Coordination in multi-echelon supply chain under supply and demand uncertainty [J]. International Journal of Production Economics,2012, 139(11):106 - 115.

[170] SEIFERT R W, ZEQUEIRA R I, LIAO S Q. A three-echelon supply chain with price-only contracts and sub-supply chain coordination [J]. International Journal of Production Economics,2012,138(2):345 - 353.

[171] OMAR M, SARKER R, OTHMAN W A M. A just-in-time three-level integrated manufacturing system for linearly time-varying demand process [J]. Applied Mathematical Modelling,2013,37(3):1275 - 1281.

[172] RODRIGUEZ M A, VECCHIETTI A. Inventory and delivery optimization under seasonal demand in the supply chain [J]. Computers & Chemical Engineering, 2010, 34(10):1705 - 1718.

[173] GOEL A, GUTIERREZ G J. Multiechelon procurement and distribution policies for traded commodities [J]. Management Science, 2011, 57(12):2228 - 2244.

[174] SANA S S. A production-inventory model of imperfect quality products in a three-layer supply chain [J]. Decision Support Systems,2011,50(2)S:539 - 547.

[175] WANG K J, LIN Y S, YU J C P. Optimizing inventory policy for products with time-sensitive deteriorating rates in a multi-echelon supply chain [J]. International Journal of Production Economics,2011,130(1):66 - 76.

[176] SHI J M,ZHANG G Q,SHA J C. Optimal production planning for a multi-product closed loop system with uncertain demand and return [J]. Computers & Operations Research,2011,38(3):641－650.

[177] PAL B,SANA S S,CHAUDHURI K. A multi-echelon supply chain model for reworkable items in multiple-markets with supply disruption [J]. Economic Modelling,2012,29(5):1891－1898.

[178] PAL B,SANA S S,CHAUDHURI K. Three-layer supply chain:a production-inventory model for reworkable items [J]. Applied Mathematics and Computation,2012,219(2):530－543.

[179] BEN-DAYA M,HARIGA M. Integrated single vendor single buyer model with stochastic demand and variable lead time [J]. International Journal of Production Economics,2004,92(1):75－80.

[180] YU J C P,WEE H M,WANG K J. Supply chain partnership for three-echelon deteriorating inventory model [J]. Journal of Industrial and Management Optimization,2008,4(4):827－842.

[181] JABER M Y,GOYAL S K. Coordinating a three-level supply chain with multiple suppliers,a vendor and multiple buyers [J]. International Journal of Production Economics,2008,116(1):95－103.

[182] ZAVANELLA L,ZZNONI S. A one-vendor multi-buyer integrated production-inventory model:the 'Consignment Stock' case [J]. International Journal of Production Economics,2009,118(1):225－232.

[183] LI J X,CHU F,CHEN H X. Coordination of split deliveries in one-warehouse multi-retailer distribution systems [J]. Computers & Industrial Engineering,2011,60(2):291－301.

[184] OSMAN H,DEMIRLI K. Economic lot and delivery scheduling problem for multi-stage supply chains [J]. International Journal of Production Economics,2012,136(2):275－286.

[185] PAL B,SANA S S,CHAUDHURI K. A three layer multi-item production-inventory model for multiple suppliers and retailers [J]. Economic Modelling,2012,29(6):2704－2710.

[186] GUERRERD W J,YEUNG T G,GUÉRET C. Joint-optimization of inventory policies on a multi-product multi-echelon pharmaceutical system with batching and ordering constraints [J]. European Journal of Operational Research,2013,

231(1):98 – 108.

[187]JHA J K,SHANKER K. Single-vendor multi-buyer integrated production-inventory model with controllable lead time and service level constraints [J]. Applied Mathematical Modelling,2013,37(4):1753 – 1767.

[188]SAJADIEH M S,FALLAHNEZHAD M,KHOSRAVI M. A joint optimal policy for a multiple-suppliers multiple-manufacturers multiple-retailers system [J]. International Journal of Production Economics,2013,146(2):738 – 744.

[189]PAN F,NAGI R. Multi-echelon supply chain network design in agile manufacturing [J]. Omega,2013,41(6):969 – 983.

[190]JONRINALDI,ZHANG D Z. An integrated production and inventory model for a whole manufacturing supply chain involving reverse logistics with finite horizon period [J]. Omega,2013,41(3):598 – 620.

[191]赵时亮,高海燕,谭琳. 论代际外部性与可持续发展[J]. 南开学报(哲学社会科学版),2003,4:41 – 47.

[192]PEARCE D. The role of carbon taxes in adjusting to global warming [J]. The Economic Journal,1991,101(407):938 – 948.

[193]BOVENBERG A L,MOOIJ R A D. Environmental levies and distortionary taxation [J]. American Economic Review,1994,84(4):1085 – 1089.

[194]BOVENBERG A L,PLOEG F V D. Environmental policy,public finance,and the labour market in a second-best world [J]. Journal of Public Economics,1994,55(3):349 – 390.

[195]刘红梅,孙梦醒,王宏利,等. 环境税"双重红利"研究综述[J]. 税务研究,2007(7):82 – 87.

[196]WAGNER H M,WHITIN T M. Dynamic version of the economic lot size model [J]. Management Science,1958,5(1):89 – 96.

[197]周永务,王圣东. 库存控制理论与方法[M]. 北京:科学出版社,2009:12 – 13.

[198]WEE H M,WANG W T. A variable production scheduling policy for deteriorating items with time-varying demand [J]. Computers & Operations Research,1999,26(3):237 – 254.

[199]WEE H M,LAW S T. Economic production lot size for deteriorating items taking account of the time-value of money [J]. Computers & Operations Research,1999,26(6):545 – 558.

[200] PADMANABHAN G, VRAT P. EOQ models for perishable items under stock dependent selling rate [J]. European Journal of Operational Research, 1995, 86(2):281 – 292.

[201] ALFARES H K. Inventory model with stock-level dependent demand rate and variable holding cost [J]. International Journal of Production Economics, 2007, 108(1/2):259 – 265.

[202] GOYAL S K, CHANG C T. Optimal ordering and transfer policy for an inventory with stock dependent demand [J]. European Journal of Operational Research, 2009, 196(1):177 – 185.

[203] 叶飞,文莉. 双分销渠道下需求受价格影响的单周期产品供应链订货策略研究[J]. 运筹与管理, 2009, 18(2):53 – 58.

[204] 李根道,熊中楷,聂佳佳. 库存和价格影响需求的易逝品动态定价[J]. 系统管理学报, 2009, 18(4):402 – 409.

[205] CHEN S, LAMBRECHT M. X-Y band and modified (s, S) policy [J]. Operations Research, 1996, 44(6):1013 – 1019.

[206] HARIGE M A. Setup cost reduction in (Q, r) policy with lot size, setup time and lead-time interactions [J]. Journal of the Operation Research Society, 2000, 51(11):1340 – 1345.

[207] CHAN G H, SONG Y. A dynamic analysis of the single-item periodic stochastic inventory system with order capacity [J]. European Journal of Operational Research, 2003, 146(3):529 – 542.

[208] PAN J C, LO M C, HSIAO Y C. Optimal reorder point inventory models with variable lead time and backorder discount considerations [J]. European Journal of Operational Research, 2004, 158(2):488 – 505.

[209] EYNAN A, KROPP D H. Effective and simple EOQ-like solutions for stochastic demand periodic review systems [J]. European Journal of Operational Research, 2007, 180(3):1135 – 1143.

[210] SILVER E A, ROBB D J. Some insights regarding the optimal reorder period in periodic review inventory systems [J]. International Journal of Production Economics, 2008, 112(1):354 – 366.

[211] 魏一鸣,王恺,凤振华,等. 碳金融与碳市场:方法与实证[M]. 北京:科学出版社, 2010:12 – 15.

[212] 中国人民大学气候变化与低碳经济研究所. 中国低碳经济年度发展报告:

2012[M].北京:石油工业出版社,2012:417-418.

[213]娄伟,李萌.低碳经济规划:理论、方法、模型[M].北京:社会科学文献出版社,2011:46-47.

[214]王金南,蔡博峰,严刚,等.排放强度承诺下的CO_2排放总量控制研究[J].中国环境科学,201030(11):1568-1572.

[215]楚龙娟,冯春.碳足迹在物流和供应链中的应用研究[J].中国软科学,2010,(S1):41-47.

[216]娄伟,李萌.低碳经济规划:理论、方法、模型[M].北京:社会科学文献出版社,2011,74-75.

[217]HSE(Health & Safety Executive). The tolerability of risk from nuclear power stations[M]. London:HMSO,1988.

[218]FERRETTI I,ZANONI S,ZAVANELLA L,et al. Greening the aluminium supply chain [J]. International Journal of Production Economics, 2007, 108 (112):236-245.

[219]WHITIN T M. Inventory control and price theory [J]. Management Science, 1955,2(1):61-68.

[220]ZNENG Y S. On properties of stochastic inventory systems [J]. Management Science,1992,38(1):87-103.

[221]AXSÄTER S. Using the deterministic EOQ formula in stochastic inventory control [J]. Management Science,1996,42(6):830-834.

[222]ZHOU Y W,LAU H S. An economic lot-size model for deteriorating items with lot-size dependent replenishment cost and time-varying demand [J]. Applied Mathematical Modelling,2000,24(10):761-770.

[223]BERAA U K,MAITI M K,MAITI M. Inventory model with fuzzy lead-time and dynamic demand over finite time horizon using a multi-objective genetic algorithm [J]. Computers and Mathematics with Applications,2012,64(6):1822-1838.

[224]GHIAMI Y,WILLIAMS T,WU Y. A two-echelon inventory model for a deteriorating item with stock-dependent demand,partial backlogging and capacity constraints [J]. European Journal of Operational Research,2013,231(3):587-597.

[225]PANDA S,SAHA S,GOYAL S K. Dilemma of rented warehouse and shelf for inventory systems with displayed stock level dependent demand [J]. Economic

Modelling,2013,32:452 - 462.

[226]ZHOU Y W,YANG S L. An optimal replenishment policy for items with inventory level dependent demand and fixed lifetime under the LIFO policy [J]. Journal of the Operational Research Society,2003,54(6):585 - 593.

[227]URBAN T L. Inventory models with inventory-level-dependent demand:a comprehensive review and unifying theory [J]. European Journal of Operational Research,2005,162(3):792 - 804.

[228]WU K S,OUYANG L Y,YANG C T. An optimal replenishment policy for non-instantaneous deteriorating items with stock-dependent demand and partial back-logging [J]. International Journal of Production Economics,2006,101 (2):369 - 384.

[229]SARKAR T,GHOSH S K,CHAUDHURI K S. An optimal inventory replenishment policy for a deteriorating item with time-quadratic demand and time-dependent partial backlogging with shortages in all cycles [J]. Applied Mathematics and Computation,2012,218(18):9147 - 9155.

[230]KEELER E,SPENCE M,ZECKHAUSE R. The optimal control of pollution [J]. Journal of Economic Theory,1972,4(1):19 - 34.